自行车

全民健身项目指导用书

仇刚　韩丽娟◎主编

吉林出版集团股份有限公司　全国百佳图书出版单位

图书在版编目（CIP）数据

自行车 / 仇刚, 韩丽娟主编. -- 2 版. -- 长春：
吉林出版集团股份有限公司, 2010.2（2024.8 重印）
全民健身项目指导用书
ISBN 978-7-5463-2316-9

Ⅰ. ①自… Ⅱ. ①仇… ②韩… Ⅲ. ①自行车运动 –
基本知识 Ⅳ. ①G872.3

中国版本图书馆 CIP 数据核字(2010)第 028325 号

全民健身项目指导用书

自行车
ZIXINGCHE

主　　编	仇　刚　韩丽娟
责任编辑	黄　群　杜　琳
封面设计	吕宜昌
开　　本	650mm×960mm　1/16
印　　张	6
字　　数	30 千
版　　次	2010 年 2 月第 2 版
印　　次	2024 年 8 月第 4 次印刷
出版发行	吉林出版集团股份有限公司
地　　址	吉林省长春市福祉大路 5788 号
邮　　编	130000
电　　话	0431-81629968
电子邮箱	11915286@qq.com
印　　刷	三河市金兆印刷装订有限公司
书　　号	ISBN 978-7-5463-2316-9　定　价　33.00元

序言

自 1995 年我国政府推出《全民健身计划纲要》以来，我国群众性体育活动蓬勃发展，取得了显著的成绩。2008 年，举世瞩目的北京奥运会的成功举办，极大地激发了亿万人民群众的体育热情，增强了全社会的体育意识，营造了浓厚的全民健身氛围。面对这样的可喜局面，群众体育科研、教学工作者应义不容辞地为社会实践服务，从不同角度思考，如何使普通百姓通过简而易行的身体锻炼方式、方法和手段达到良好的健身效果，达到拥有健康的目标，从而享受生活、享受快乐人生。该书系就是在这样的思想指导下诞生的。

本书系能够顺应国家体育的大政方针，掌握时代脉搏，对指导大众健身，使大众掌握健身方法和手段有很好的促进作用。

本书系图文并茂，实用性强，分为球类运动、体操健身运动、传统武术、冰雪运动、水上运动、体育舞蹈、休闲运动、格斗运动、民间体育活动和极限运动等十大类项目，计 100 分册，按照统一的体例，力争有所创新。每册的具体内容为该项目的起源与发展、运动保健、基本技术、运动技巧、比赛规则等，使读者在学习过程中，不仅能够学会运动健身的方法，同时还能够学到保健方面的基本知识。

经国务院批准，自 2009 年起，将每年的 8 月 8 日定为"全民健身日"。《全民健身项目指导用书》的出版，必将为开展全民健身活动起到积极的推动和指导作用。

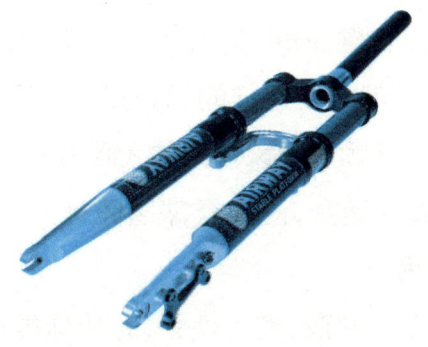

目录 CONTENTS

目录 CONTENTS

第一章　概述

　　自行车又称单车，是一种以人力驱动的简便交通工具。自行车运动是以自行车为工具，比赛骑行速度的体育运动。目前，自行车运动已经发展成为公路自行车、山地自行车、小轮自行车等多项体育比赛项目和休闲运动。

起源与发展

　　自行车起源于法国，它作为交通工具的同时，也逐渐成为一种体育活动器械，自行车运动也随之成为人们最喜爱的运动之一。

概述

 起源 ◆◆◆◆◆◆◆◆

　　自行车，又称单车，是一种以人力驱动的简便交通工具。它的发明和改进经历了漫长而复杂的历史过程。

　　1815年，世界上第一辆自行车出现在法国，它没有中轴和脚蹬，骑车人和行走一样，借助脚蹬地的反作用力，使车轮向前滚动。

　　1869年，法国人玛金在前轮上加了脚蹬，骑起来节省力气，速度也加快了。1890年，英国一位医生把实心轮胎改为充气轮胎，减小了与地面的摩擦力，又一次提高了速度。此后，随着科学技术的发展，自行车经过多次重大技术革新，最终演变为现代式样。

 发展 ◆◆◆◆◆◆◆◆

　　随着自行车的不断革新，自行车运动也不断地被更多人所接受和热爱，在世界各地迅速发展起来。

　　1868年5月31日，法国的圣克劳德公园举行了自行车比赛，这是有记载的最早的自行车比赛。

　　1892年，由比利时、加拿大、丹麦、英国、法国、德国、荷兰和美国的一些自行车运动爱好者发起，组织了国际自行车运动协会，这是国际自行车联合会的前身。

　　1893年举行了首届世界业余自行车锦标赛，1895年举行了首届世界职业自行车锦标赛。

在 1896 年第 1 届现代奥运会上，自行车运动被列入正式比赛项目，当时只有场地自行车和公路自行车两个分项的比赛。

1903 年举行了第 1 届环法自行车赛。

20 世纪 50 年代，山地自行车运动出现于法国，并逐渐在欧洲流行。20 世纪 70 年代，首次山地自行车赛在美国的圣弗兰西斯科市举行。1991 年首次举行了山地自行车世界杯赛。1996 年，山地自行车被列为奥运会比赛项目。

20 世纪 60 年代，美国加利福尼亚又兴起一种新的自行车运动——小轮车。20 世纪 70 年代初，美国建立了最早的小轮车组织。1981 年 4 月，国际小轮车联盟正式成立。1982 年举行了第 1 届世界小轮车锦标赛。1993 年，小轮车运动正式成为自行车运动大家庭的一员。2003 年 12 月，国际奥委会正式批准小轮车为 2008 年北京奥运会比赛项目。

  机构与赛事

机构

国际自行车联合会(UCI)简称国际自联，于 1900 年 4 月 14 日成立，下设非洲、美洲、亚洲、欧洲和大洋洲 5 个地区联合会，拥有 170 个会员国。

中国自行车协会于 1939 年加入国际自行车联合会，1958 年退出，1979 年 8 月恢复会籍。

赛事

(1)奥运会自行车赛，每 4 年一届；

(2)世界自行车锦标赛，每年一届；

(3)环法自行车赛，每年一届。

 发展趋势

国内趋势

自行车运动于 20 世纪初传入我国。1959 年，我国自行设计并建成了第

一座自行车赛车场——龙潭湖赛车场。从此，我国有了真正意义的场地自行车比赛。

我国是自行车大国，开展自行车运动的群众基础雄厚，再加上自行车作为一项健康、环保、时尚的绿色运动，器材相对简单，强身健体效果显著，老少皆宜，因此深受大众喜爱。目前，我国的自行车爱好者数以百万计，自行车运动已成为大众娱乐、健身的一个热点和亮点。

国外趋势

概述

在国外，尤其是在自行车运动开展较好的欧美国家，自行车作为交通工具的职能早已弱化，取而代之的是成为一种休闲、旅游的工具。而在日常的健身中，选择自行车作为锻炼工具的也大有人在。经常骑自行车，除了能放松身心，还能锻炼身体，目前已成为公认的最佳健身方式之一。

第二节

场地和装备

正规的场地有助于自行车运动员的动作发挥，合适的装备有利于自行车运动员比赛安全顺利。

规格

公路个人计时赛场地

公路个人计时赛场地一般选择路面比较平坦，赛道起伏较小的路段。

公路个人赛场地

公路个人计时赛场地一般选择在有各种地形变化的赛道或环行公路上。路面可有起伏和斜坡，路面宽度一般不能少于 6 米。起点、终点路面的宽度不得少于 8 米。终点前至少有不短于 500 米的直道，终点线后的缓冲段有不短于 100 米的直道。起点、终点可以设在同一地点。

山地越野赛赛道

山地越野赛选择的赛道通常是由高速度下山路段、爬山路段、乡间路段、砂石路段、森林路段和短暂的柏油路段组成的环形赛道。

设施

公路个人计时赛

（1）每隔 5 千米，要标明运动员所剩下的骑行距离。在上坡的路段，每 1 千米都要有标志。

（2）比赛开始后，路段只能由运动员和尾随的器材车以及裁判车辆使用。

（3）在起点附近，组委会还必须提供一个至少 800 米长的环行路段作为运动员的热身区域。如果赛道为双向行驶路段，赛道中央必须设置隔离带。

（4）转折点一定要放置转折标志。

公路个人赛

（1）赛道上要设置固定的比赛指示标牌：从起点处开始标明 0 千米，50 千米和最后的 25，20，10，5，4，3，2 千米。

（2）在距终点最后 1 千米处要有明显的红色标志，终点处要有"终点"字样的横幅。此外，还要标明以下各点距终点线的距离：500 米、300 米、200 米、150 米、100 米和 50 米。

山地越野赛

（1）赛道上要有清晰的路标指示，路标大小：宽 20 厘米，长 40 厘米。放置于地面高度 1.5 米的位置。路标指示箭头用对照鲜明的颜色（黑、蓝、红）在白底上印出来。

（2）赛道路标要准确指明比赛路线和随后出现的路况，以及交叉路口和所有存在潜在危险情况的地段。路标要清晰，确保运动员沿正确的路线骑行。

 要求

公路个人计时赛

（1）起点

在比赛的起点线上要设置运动员出发台。出发台前方要放置倒计时钟提示运动员出发。所有运动员要根据预先排定的出发时间从出发台上起跑。在起点处还应设有运动员休息准备区和检录、验车区域，以及裁判员工作区域。

（2）终点

终点线要设置电动计时压条或光电感应计时设备。终点处还应有三维终点摄像设备和电子显示屏。

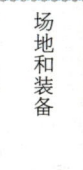

公路个人赛

(1)如果比赛是在一个环形路段上进行,那么,要为运动员指示完成比赛的剩余圈数。另外,环行赛道的周长最短不得小于12千米。

(2)根据比赛距离和赛事的实际情况,在比赛赛道上可以设置补给区域。补给区的要求:有明确的标志标明补给区的开始点和结束点,还要有足够长的距离以保证运动员能顺利地得到补给。

(3)在比赛的起点区域,还应设置运动员的出发签到区域、车辆检查区域,以及裁判员工作区域。

山地越野赛

(1)对山地越野赛的要求:较为严格,即不论何种地面和气候条件,要求赛道100%能够骑行。

(2)在正规的比赛中,一般选择5~6千米长的环行赛道。赛道上每隔1千米设一个标志牌,标明距离终点的千米数。距离较长的狭窄赛段必须间断地设置一些可供超越的路段。

(3)在赛道的高速地段或下坡处须布置隔离观众区域,宽度不小于2米。

(4)山地越野赛的补给区和修车点应设置在骑行速度较慢,并且地域开阔的平路或上缓坡的路段上。补给区和修车点要足够宽、足够长,保证通过的运动员在取食物时相互间不受干扰,必须有清晰的开始、结束标记。

(5)在比赛的起点处要设置运动员的签到区和验车区。起点开始段必须足够开阔,以便运动员能够安全出发。终点线的前、后要有足够长的直道和开阔的视野,为运动员的终点冲刺、冲刺后的缓冲提供安全保证。

器材

规格

公路个人计时赛及公路个人赛

自行车全长不超过185厘米,宽度不超过50厘米,重量不少于6.8千克。

 山地越野赛

自行车全长不超过 185 厘米，宽度不超过 50 厘米，重量不少于 6.8 千克。

要求

 公路个人计时赛、公路个人赛及场地赛

自行车鞍座长度应在 24～30 厘米之间，中轴与地面的距离应在 24～30 厘米之间，自行车前后轮直径必须相同。车轮的直径：最大 70 厘米，最小 55 厘米。此外，场地自行车不能使用活飞轮、变速器和刹车装置。

山地越野赛

自行车鞍座长度应在 24～30 厘米之间，中轴与地面的距离应在 24～30 厘米之间，自行车前后轮直径必须相同。车轮的直径：最大 70 厘米，最小 55 厘米。

 装备

服装

款式

（1）运动员要穿带袖的骑行服和短裤，可以是连体的。短裤的裤边应当在膝盖以上 10 厘米。

（2）运动员穿的雨衣必须是透明的或符合该项目比赛的防雨服，运动员必须戴安全头盔。

（3）运动员在赛道上骑行时，必须使用全盔、袖长至手腕处的长衫、在脚踝处能收紧裤脚的长裤、全包的分指手套以及必要的护具。

要　求

　　通常号码布和号码牌要用白色底板，黑色字样。而且，字体、布底和车牌的大小等要符合规则的规定。

場
地
和
装
备

第二章　运动保健

体育运动对增强体质、预防疾病和促进健康具有良好的作用。但是,并非所有人从事相同的运动都会达到同样的效果。对于同一种运动负荷,不同人机体的反应差异是很大的,即使同一个体,在不同时期、不同机能状态下,对同一负荷的反应及效果也是不一样的。因此,对于不同个体,应制定适合其机能需要的运动强度、时间、频率和持续周期。从事体育锻炼一定要讲究科学性, 使机体最大限度地获得运动价值, 使某些疾病得到有效的防治。

第一节

自我身体评价

自我身体评价是指根据个体的不同情况以及简单的功能评定标准，对锻炼者进行身体评价，并以此为依据，确定具体的锻炼内容。

 适宜人群 ◆◆◆◆◆◆◆◆

体适能是全身适应性的一部分，是人体精神和体力对现代生活的适应能力。为了促进健康，预防疾病，提高生活质量和工作学习效率，几乎所有人都可以追求健康的体适能，而且经过简单的评价和测试，均可以成为目标人群，即适宜人群。

 健康体适能评价标准

健康体适能是指身体有足够的活力和精力处理日常事务，而不会感到过度疲劳，并且还有足够的精力去享受休闲活动和应对突发事件。

健康体适能是确定锻炼者是否为运动适宜人群的主要依据。目前的评价标准主要包括国民体质测定标准、学生体质测定标准和普通人群体育锻炼标准等。

国民体质测定标准主要包括形态指标、机能指标和素质指标 3 个部分，各项指标的测定结果均为 1～5 分，共 5 个级别。凡各项指标达不到 4 分或 5 分者，均应被纳入健身人群。

学生体质测定标准分为优秀、良好、及格和不及格 4 个级别。优秀水平以下者，均应被纳入健身人群。

普通人群体育锻炼标准分为 5 个级别，凡达不到 4 分或 5 分者，均应被纳入健身人群。

简易运动功能评定

简易运动功能评定的目的在于确定运动对象有无运动禁忌症或临时运动禁忌的情况，即是否适合参加体育锻炼，以达到防备万一，避免意外事故发生的目的。目前通行的方式是 3 分钟踏台阶测试。

目的

测试锻炼者运动后心率恢复的情况，以评估其心肺功能。

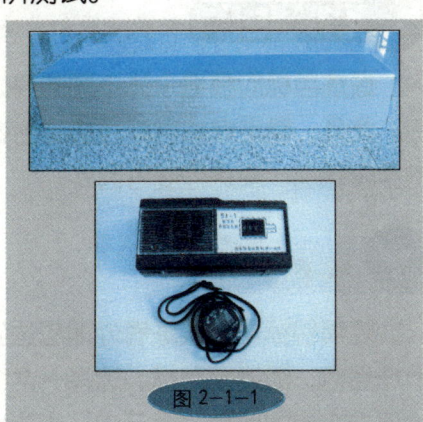

图 2-1-1

器材 见图 2-1-1

30 厘米高的长凳、节拍器、秒表和时钟。

步骤 见表 2-1-1

（1）节拍器设定为每分钟 96 次，锻炼者依"上上下下"的节拍运动 3 分钟。

（2）锻炼者完成 3 分钟踏台阶后，5 秒钟内开始测量其脉搏，时间为 1 分钟，记录其心率，并依据下表评价其功能水平。

（3）运动后心率越低，证明其心肺功能越好。在运动强度允许的范围内，锻炼者可选择运动强度的较高值来进行运动。

表 2-1-1 3 分钟台阶测试评价表

	年龄(岁)	欠佳(次)	尚可(次)	一般(次)	良好(次)	优异(次)
男士	18~25	>115	105~114	98~104	89~97	<88
	26~35	>117	107~116	98~106	89~97	<88
	36~45	>119	112~118	103~111	95~102	<94
	46~55	>122	116~121	104~115	97~103	<96
	56~65	>119	112~118	102~111	98~101	<97
	65+	>120	114~119	103~113	96~102	<95
女士	18~25	>125	117~124	107~116	98~106	<97
	26~35	>128	119~127	111~118	98~110	<97
	36~45	>128	118~127	110~117	102~109	<101
	46~55	>127	121~126	114~120	103~113	<102
	56~65	>128	118~127	112~117	104~111	<103
	65+	>128	122~127	115~121	101~114	<100

自我身体评价

注意事项

如受试者经过努力仍无法完成测试，或出现头晕、胸闷、出冷汗等症状，应终止测试。运动中应特别考虑运动强度，以防出现意外。

锻炼目标

锻炼目标应根据个体不同的身体状况来确定，可分为近期目标和远期目标。此外，确定锻炼目标还应结合锻炼者的运动意向、愿望和兴趣以及本人的健康状况、疾病程度等因素。

近期目标

近期目标是指锻炼者近期应达到的目标。在进行运动之前，应首先明确锻炼目标，即近期目标。选择一两个健康体适能构成要素，作为未来两个月内努力完成的目标，而且应从成功概率较高的构成要素开始，并将预期两个月后要达到的目标做上记号，如提高某个或某些关节的活动幅度，增强某个肌肉群的力量等。

远期目标

远期目标是指锻炼者最终要达到的目标。实践证明，经过科学合理的锻炼后，锻炼者是可以达到一般的远期目标的，如提高心肺功能，使其达到优秀的等级，或达到降血脂、防治高血压和冠心病的目的等。

运动负荷

运动负荷即运动量。怎样控制运动量，合适的运动时间是多少等，一直是人们争论不休的问题。但有一点是可以肯定的，那就是任何有关身体活动的意见和建议，都需要综合考虑锻炼者的身体状况和所要达到的目标，并以此为依据来制订科学的身体锻炼计划。

运动强度

运动过程中，运动强度过小，达不到锻炼的效果；运动强度过大，不仅达不到最佳的锻炼效果，还可能产生一些副作用，甚至出现意外事故。确定运动强度有两种方法。

心率简易推测法

（1）年龄在 20 岁左右的年轻人，身体健康，能坚持体育锻炼，欲进一步提高身体机能，可取最大心率值（最大心率值 =220－年龄）的 65%～85%。

（2）年龄在 45 岁以下，身体基本健康，有运动习惯者，开始进行健身锻炼，可取最大心率值的 65%～80%，没有运动习惯者，开始进行健身锻炼，可取最大心率值的 60%～75%。

（3）年龄在 45 岁以上，身体基本健康，有运动习惯者，开始进行健身锻炼，可取最大心率值的 60%～75%，没有运动习惯者，建议根据自身情况咨询专业人员来指导和确定运动强度。

主观感觉疲劳分级表推测法 　见表 2-1-2

运动的疲劳程度大致分为 10 级，具体为：0～1 级，没感觉；2～3 级，尚轻松；4～5 级，稍累；6～7 级，累；8～9 级，很累；10 级，精疲力竭。因此，健身锻炼的运动强度应控制在主观感觉疲劳程度的 4～7 级。

表 2-1-2　　主观感觉疲劳分级表

0 轻松	•	2 尚轻松	•	4 稍累	•	6 累	•	8 很累	•	10 精疲力竭

自我身体评价

运动频率

运动频率是指每日及每周锻炼的次数。一般每周锻炼 3~4 次，即隔日锻炼 1 次即可。有充足的休息时间，可使身体得到充分的休息，收到更好的锻炼效果。

运动持续时间

运动保健

运动强度和运动持续时间，决定了一次锻炼的运动量和热量消耗。运动持续时间与运动强度成反比，运动强度大，运动持续时间可相应缩短，运动强度小，则运动持续时间应相应延长。

一般的健身锻炼，运动持续时间以每天 20~60 分钟为宜，其中包括准备活动时间、健身锻炼时间和整理活动时间。每次健身锻炼应在 20 分钟以上，锻炼可一次性完成，也可分段进行，但每段的活动时间应在 10 分钟以上。

第二节
运动价值

运动价值一直是人们探讨的问题，一般认为运动具有两方面的价值，即健身价值和心理价值。身体和精神的健康是相互依存的，伴随着身体功能的改善，精神状况逐渐也能同时得到改善。

健身价值

健身价值在于提高体适能。体适能包括心肺耐力素质、肌肉力量素质、柔韧性素质和身体成分等。体适能的发展是积极从事锻炼的结果，只有规律性的体育锻炼才能达到最佳的体适能。

提高心肺耐力素质

心肺耐力是指全身肌肉进行长时间运动的持久能力，是体内心肺系统对身体各细胞的供氧能力。人体的心脏、肺、血管、血液等组织的功能是心肺耐力的基础，它们与氧气和营养物质的输送以及代谢物的清除有关。健全的心肺功能是健康的基本保证。

系统的体育锻炼，可以使心肌增厚，收缩力加强，心室容积增大，从而使心脏的泵血功能增强，表现为心血输出量增加。

系统的体育锻炼，呼吸系统机能也将得到提高，表现为呼吸肌的力量增强，肺活量、肺通气量明显增加，保证对机体供氧的能力。

系统的体育锻炼，可以促进血管系统的形态、机能和调节能力产生良好的适应力，从而提高机体的工作能力。

系统的体育锻炼，可以使血液系统产生某些适应性变化，如血容量增加、血黏度下降、红细胞膜弹性增强和红细胞变形能力增强等。

 提高肌肉力量素质

肌肉力量是指肌肉最大收缩产生的对抗阻力或负荷的能力。肌肉力量只有达到一定的程度，才能克服外界阻力，而克服外界阻力是维持日常生活自理、从事各种劳动和运动的必要前提。

系统的体育锻炼，可以提高肌肉的生理横断面积，可以改善神经系统对肌肉收缩的支配功能，还可以提高肌肉内代谢物质的储备量，使肌肉力量得到提高。

 提高柔韧性素质

柔韧性是指人体各关节的活动幅度，即关节的肌肉、肌腱和韧带等软组织的伸展能力。柔韧性对于保证正常生活质量、维持正常体态、预防损伤发生和减轻损伤程度等方面均起到至关重要的作用。

系统的体育锻炼，还可以延缓因年龄因素而导致的柔韧性下降，预防因缺乏运动而导致的关节结构、周围软组织和膝关节肌肉退化，从而使锻炼者

的日常生活、劳动和运动等更加充满活力。

身体成分是指人体体重中的脂肪组织和去脂组织的重量百分比。身体成分中的脂肪成分增加，肌肉成分必然下降。身体中不具备收缩功能的脂肪组织增加，必然导致身体进行各种活动的能力下降，基础代谢水平降低，肥胖症、冠心病、高血压、糖尿病、高血脂等慢性疾病发病率的提高。因此，身体成分是保证人体健康的重要内容之一。

通过系统的体育锻炼，随着锻炼者体质的增强，热量消耗便随之增加，进而燃烧掉体内多余的脂肪，使身体成分得到改善。而身体成分的改善，又可以减少体重对关节可能带来的不利影响，还可以使肥胖者的心理状况得到改善，增强其自信心，使其逐步建立起健康的生活方式。

研究证明，有规律的体育锻炼不但可以使锻炼者增强体质、促进身体健康、预防一些慢性疾病，还可以提高锻炼者的生活满意度和生活质量，对其心理健康产生积极影响。

体育锻炼的心理健康效应主要表现在六个方面：

短期效应

研究发现，体育锻炼对人的情绪状态具有显著的短期效应。运动后人们的焦虑、抑郁、紧张和心理紊乱等症状会明显减轻，而精力和愉快程度则会明显增强。而且这种情绪的迅速变化，与锻炼者个体的健康状况、活动形式和活动强度等有着直接的联系。

长期效应

体育锻炼对人情绪的长期效应有着直接的影响，与不锻炼者相比，有规律的锻炼者在较长时期内很少会产生焦虑、抑郁、紧张和心理紊乱等情绪。

 **完善个性行为特征** 见表 2-2-1

人们的行为特征一般可以分为两种类型，用 A 型行为特征和 B 型行为特征来表示。A 型行为特征主要表现为性情急躁、争强好胜、容易激动、整天忙碌和做事效率高等。B 型行为特征主要表现为不好竞争、不易紧张、不赶时间、对人随和、喜欢自由自在等。具有 A 型行为特征的人由于过度紧张的情绪反应，会引起内分泌失调，增加心脏病发病的概率。目前的一些研究主要集中在体育锻炼对改变 A 型行为特征的作用方面。研究结果表明，有规律的体育锻炼能明显改变 A 型行为特征。

表 2-2-1　A、B 型个性行为特征常见表现

A 型行为特征者常见表现	B 型行为特征者常见表现
约会从来不迟到	对约会很随便
竞争意识很强	竞争意识不强
别人要讲话时总爱抢先或插话	是别人讲话时很好的听众
总是匆匆忙忙	即使有压力也从不匆忙
等待时缺乏耐心	能够耐心等待
干事时全力以赴	处事漫不经心
同时想干很多事	在一段时间里只干一件事情
讲话喜欢用加强语气，甚至敲桌子	讲话语速缓慢、不慌不忙
做了好事希望能得到别人的认可	只要自己满意即可，不管别人怎样想
吃饭、走路都很快	做事情很慢
不善与人相处	为人随和
容易暴露自己的感情	能控制自己的感情
具有广泛的兴趣	没什么业余爱好
雄心壮志	满足于目前的工作和学习状况

 确立良好自我概念

自我概念是指个体对自己身体、思想和情感的主观整体评价，它由许多自我认识组成，包括我是什么人、我主张什么和我喜欢什么等。

坚持体育锻炼，可以使锻炼者体格强健、精力充沛、提高驾驭身体的能力，从而改善对自身的满意程度，确立良好的自我概念。

改变睡眠模式

根据脑电图的显示，人的睡眠可以分为两种状态，即慢波睡眠状态和快波睡眠状态。前者为浅度睡眠状态，后者为深度睡眠状态。一夜之间两种睡眠状态会交替发生 4～5 次。

有规律的体育锻炼不仅对慢波睡眠有促进作用，而且能缩短入眠的潜伏期，并延长睡眠的时间。

 改善认知能力

体育锻炼还能改善人的认知过程，避免反应时间过长、注意力不集中和思维混乱等症状的发生，尤其对老年人的认知能力改善效果更为明显。

 增加心理治疗效应

体育锻炼被公认为是一种心理治疗的好方法。目前人群中常见的心理疾患是抑郁症和焦虑症。研究发现，体育锻炼是治疗抑郁症的有效手段之一，抑郁症患者经过有规律的体育锻炼，抑郁症状能明显减轻。

体育锻炼还具有治疗焦虑症的作用，通过有规律的体育锻炼，可以使锻炼者的焦虑症状明显改善。

第三节

运动保护

在运动过程中，人体机能会随时发生变化。因此，应针对这种机能变化的特点来进行体育锻炼，也就是我们所说的运动保护。运动保护一般包括运动前准备、运动后放松和自我养护三个方面。

 **运动前准备**

准备活动是指在正式运动之前进行的有目的的身体练习。做好充分的

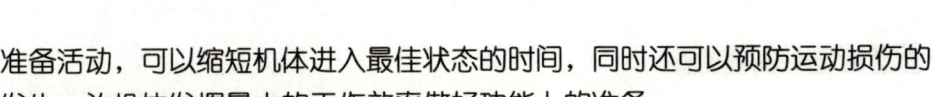

准备活动，可以缩短机体进入最佳状态的时间，同时还可以预防运动损伤的发生，为机体发挥最大的工作效率做好功能上的准备。

 ## 准备活动的作用

提高中枢神经系统兴奋状态

（1）使大脑反应速度加快，参加活动的运动中枢神经相互协调。

（2）为正式运动时生理机能达到适宜程度提前做好准备。

提高机体代谢水平

（1）准备活动可以使锻炼者体温升高，降低肌肉黏滞性，使肌肉的伸展性、柔韧性和弹性增强，从而有效预防运动损伤的发生。

（2）准备活动可以增强体内代谢酶的活性，使物质代谢水平提高，以保证运动时有较充分的能量供应。

克服内脏器官生理惰性

（1）准备活动可以提高心血管系统和呼吸系统的机能水平，使肺通气量及心血输出量增加。

（2）可以使心肌和骨骼肌的毛细血管扩张，使其工作肌获得更多的氧，从而克服内脏器官的生理惰性，使之尽快达到最佳状态。

增加皮肤毛细血管的血流量

准备活动可以使皮肤毛细血管的血流量增加，运动后毛细血管扩张，有利于散热，降低体温，有效防止开始正式活动时由于体温过高而影响运动能力。

 ## 准备活动要求

准备活动时间

（1）准备活动的时间可以根据运动项目的具体情况确定，一般以 10～30 分钟为宜。

（2）准备活动与正式运动的间隔时间，一般以不超过 15 分钟为宜，可以在做完准备活动后立刻进行正式运动。

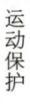

运动保护

准备活动强度

（1）准备活动的强度和量应较正式运动小，以免引起不必要的疲劳。

（2）准备活动的量可以由心率来决定，心率以100～120次／分为宜。

准备活动内容

一般性准备活动

一般性准备活动的内容多以伸展运动开始，然后进行一般性的跑步、徒手体操等活动。

下面介绍一套常用的一般性准备活动操，供锻炼者运动前使用。这套活动操主要包括头部运动、肩部运动、扩胸运动、体侧运动、体转运动、髋部运动和踢腿运动等。

头部运动

头部运动的动作方法（见图2-3-1）：两手叉腰，两脚左右开立，做头部向前、向后、向左、向右，以及绕环运动。

图 2-3-1

肩部运动

肩部运动的动作方法（见图 2-3-2）：
手扶肩部，屈臂向前、向后绕环，以及
直臂绕环。

扩胸运动

扩胸运动的动作方法（见图 2-3-3）：
屈臂向后振动及直臂向后振动。

体侧运动

体侧运动的动作方法（见图 2-3-4）：
两脚左右开立，一手叉腰，另一臂上举，
并随上体向对侧振动。

体转运动

体转运动的动作方法（见图 2-3-5）：
两脚左右开立，两臂体前屈，身体向左、
向右有节奏地扭转。

髋部运动

髋部运动的动作方法（见图 2-3-6）：
两脚左右开立，两手叉腰，髋关节放松，
向左、向右 360 度旋转。

图 2-3-2

图 2-3-3

踢腿运动

踢腿运动的动作方法（见图 2-3-7）：两臂上举后振，同时一腿向后半步，重心置于前腿，两臂下摆后振，同时向前上方踢腿。

图 2-3-4

图 2-3-5

图 2-3-6

图 2-3-7

运动保健

专门性准备活动

专门性准备活动的动作方法、节奏和强度等与正式锻炼相似，目的是使人体主要肌群在运动前得到动员，为正式锻炼做好准备。

运动后放松

运动后放松是指运动之后所进行的一些能够加速机体功能恢复的、较轻松的身体活动。与运动前准备活动相反，其目的是使锻炼者的生理机能水平逐步得到恢复。

运动性手段

（1）运动结束后，锻炼者可采用变换运动部位的方法来消除疲劳，如上肢出现疲劳时可做一些慢跑运动，下肢出现疲劳时可做一些上肢运动。

（2）转换运动类型也是一种不错的放松方法，如打羽毛球出现疲劳时，可从事瑜伽运动来达到放松的目的。

（3）还可以用调整运动强度的方法来缓解疲劳，如可以在放松过程中，采用小强度的轻微运动方法等。

整理活动　见图 2-3-8

（1）整理活动是指运动后所做的一些能够加速机体功能恢复的身体活动，如剧烈运动后进行 3～5 分钟慢跑或其他整理活动，使身体机能得以恢复。

（2）剧烈运动后如不做整理活动而骤然停止动作，会影响氧气的补充和静脉血的回流，使机体血压降低，引起不良反应。

图 2-3-8

（1）在进行整理活动时动作应缓慢、放松，运动量不要过大，否则会引起新的疲劳。

（2）在进行整理活动时，应当保持心情舒畅、精神愉快。

锻炼后，锻炼者感觉身体疲劳是一种正常的生理现象，是体育锻炼过程中的正常反应，随着体育锻炼时间的延长，疲劳症状会自然消失。运动性疲劳出现后，锻炼者如果采用一些自我养护措施，可以加速身体机能的恢复，尽快消除疲劳，提高锻炼效果。常见的自我养护方法主要包括运动后休息、合理营养和物理手段等三种。

🔅 静止性休息 见图 2-3-9

（1）静止性休息是指锻炼者运动后保持机体相对的静止状态，以促进身体机能的恢复，尽快消除疲劳。

（2）静止性休息的最佳方式之一是睡眠，特别是刚开始从事锻炼者，身体不适应或疲劳症状明显时，更应该保证足够的睡眠，否则，锻炼者虽然积极参加了体育锻炼，但收效甚微，甚至会导致过度疲劳症状的发生。

（3）静止性休息更适合于消除全身运动导致的整体疲劳症状。

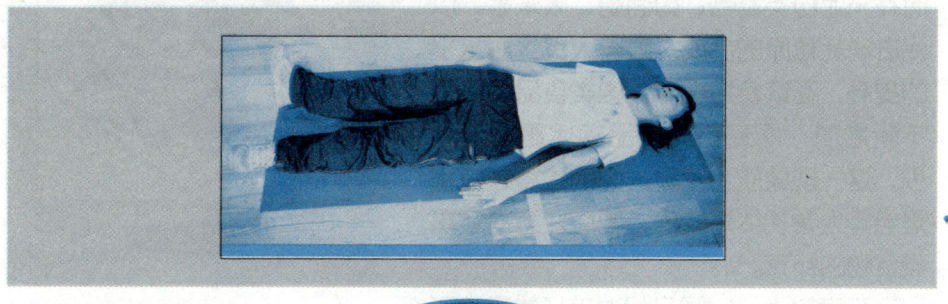

图 2-3-9

 **积极性休息** 见图 2-3-10

（1）积极性休息更适合由于少量肌肉群参与工作而导致的局部疲劳，或运动强度较大而导致的快速疲劳。

（2）积极性休息可以加速血液循环，有利于代谢物排出体外，对促进身体机能的恢复具有明显的效果。

图 2-3-10

 见图 2-3-11

小强度、长时间的运动形式，主要是靠糖原的有氧代谢提供能量。运动后应及时补充淀粉类食物，如面粉、大米等，以促进消耗糖原的合成。随着人民生活水平的提高，在饮食结构中，肉类食品的比重不断增加，而淀粉类食品的比重逐渐减少，这一现象应当引起人们的注意，特别是老年人参加体育锻炼，更应注意对淀粉类食物的补充。

图 2-3-11

强度较大、时间又相对较长的运动形式，主要是靠糖原的无氧代谢提供能量。这样，糖原无氧代谢产物——乳酸便会在体内大量堆积。因此，运动后应多补充蔬菜、水果等碱性食品，以加速乳酸的清除，达到尽快消除疲劳的目的。

 物理手段

按摩及牵拉 见图 2-3-12

（1）通过刺激神经末梢、皮肤结缔组织和毛细血管的按摩方法，可以使紧张的肌肉得以放松，从而改善局部组织和全身的血液循环，达到促进身体机能恢复的目的，这种方法可以在锻炼后马上进行。

（2）此外，还可以采取缓慢牵拉肌肉的方法，使收缩的肌肉得到充分的伸展放松。

水疗及电疗

（1）水疗包括芬兰式蒸汽浴、热水浴和桑拿浴等多种形式，主要作用是通过提高体温，促进血液循环，清除代谢物，以达到尽快消除疲劳、恢复体力的目的。

（2）水疗的时间一般以不超过 30 分钟为宜，如果时间过长，会进一步消耗体力，严重时甚至会出现暂时性脑缺血现象。

（3）如果条件允许，还可对疲劳的肌肉进行低频治疗。低频治疗仪的原理是模拟针灸疗法，使用时将电极用不干胶对称地粘贴在运动部位表皮上。这种疗法可以促进局部血液循环，改善组织代谢，缓解肌肉酸痛，消除疲劳。

图 2-3-12

第三章　公路自行车

公路自行车比赛在有地形变化的公路上举行。奥运会公路自行车比赛设有公路个人赛和公路团体赛。个人赛选择环行或往返路线，路面要有起伏和斜坡，起点、终点应尽可能设在同一地点；团体赛选择比较平坦的路面，途中应设转折点，起点、终点应在同一地点。本章简要介绍公路自行车骑行前准备、基本技术和战术、自行车维护与保养等方面常识。

第一节
骑行前准备

在骑行前，为了保证运动的安全与顺利进行，必须做好准备工作。首先须选择合适的车辆，其次要对车辆进行细致的检查，最后还要对服装和护具等装备进行核查。

选择车辆原则

在运动前先要选择适合自己的赛车，可以购置整车，也可以到车行量身配置一辆个性十足的爱车。选择车辆一般遵循以下的原则：

（1）正规比赛要先满足赛会对车辆的要求。如果要参加某项赛事，必须满足赛会对参赛车辆的要求，如果不符合规范，必须对参赛车辆进行改装或换车。

（2）根据个人身高、体重选择车体的长度、重量及材质。车体全长尽量不超过 185 厘米，如果身体过高可选择较大尺寸的车轮，车轮的直径在 55～70 厘米。或者通过调整座高，一般座长度应在 24～30 厘米。根据自己的体重选择车辆材质和重量，一般不少于 6.8 千克。

（3）根据个人技术特点和喜好选择变速器、齿轮、外胎和刹车装置等零件。业余休闲车友可参考以上原则，根据个人财力和运动水平选择不同档次和价位的车辆，并根据运动技术水平的提高，阶段性升级车辆的档次选择，不要一次性选择超豪华车辆，造成资金浪费。

车辆及装备检查

为了保证运动员的安全，上路前 2 小时必须检查赛车和装备。赛车检查包括车体部分、传动部分、行走部分、安全装置。装备部分包括服装护具及备品。

 车辆检查

车体检查

　　车体包括车架、前叉、车把、鞍座等。检查车架、前叉等部位不能有裂痕和变形，各部位的螺丝要牢固，车把能灵活转动，车把与车前轮是否在一条直线。一般而言，车把位置与车座保持水平，而参加比赛的自行车手把会比车座低 5～7.6 厘米。检查鞍座是否松动，要保持与横梁平行，不能倾斜，前后位置适中，高低是否适合。

传动部分检查

　　传动部分包括脚蹬、曲柄、链轮、链条、中轴、变速器和飞轮等。检查脚蹬、脚套、皮条要完好无损，曲柄螺丝是否松动、链轮是否平直。

　　检查各轴承部位的转动是否良好，特别注意旋紧右中碗螺丝；检查飞轮转动是否正常，飞轮与变速器合作，每个档位运用自如，传动迅速，各弹簧的伸缩度适中，变速线光滑畅通。

　　链条的每个节结都要仔细检查，除去裂缝节，换掉死节，保证链条正常运转。如果在比赛前或比赛中装换新链条，为避免新链条和旧齿轮不吻合而掉链，应将链条和飞轮一起更换。

行走部分检查

　　行走部分即前后车轮、轮胎等。

　　车轮的车圈和辐条的检查是一件细致工作。由于车条折断或车条松动引起的车圈变形，一般有轴向跳动（车圈左右摆动）和径向跳动（车圈上下跳动）。若变形不太大可在车上调整，如变形较大，可将车轮拆下，取下车胎，放在平圈器上进行调整。

　　车胎的检查很重要，车胎能使自行车有一定的弹性，减少径向颠簸力对车圈的冲击；能在自行车负载情况下，减小路面同车胎的接触面，以减少摩擦力。为此，训练和比赛前 2 小时要给车胎充好气，胎内气压要适合，每次骑行前一般保持 5～7 千克／平方厘米气压，进而检查车胎是否漏气，表面

有无异物或刺伤部分。

 安全装置

包括制动器（车闸）、车灯等。

检查刹车系统各部件是否齐全，闸皮与车圈之间间隙度是否适合，刹车是否灵敏有效；如果备有车灯，检查车灯的固定是否牢固、电池电量是否充足，以及车灯亮度等是否符合要求。

备品的检查

仔细检查备品是否齐全，备品包括备用车辆、配件、备用服装、护具、食品、饮品、药品等，以免在比赛或骑行中途发生意外。

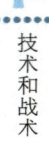

第二节
技术和战术

公路自行车运动是一项时尚的有氧健身运动，无论是个人赛还是团体赛，参赛者都可利用战术斗智斗勇，从而更好地发挥自己的技术与特长，以制约对手，并取得比赛的主动权。比赛全过程是智慧与力量的展示，全面的技术和对手之间的战术较量使得比赛魅力无穷。

技术和战术

骑行姿势

运动员根据个人的技术特点，确定骑行姿势。有经验的骑手，在运动的过程中根据实际情况不断地调整自己的骑行姿势。例如，精神饱满时、疲倦时、在平坦的路上时和登斜坡时应采取什么样的骑行姿势，都是非常难掌握的。在此介绍公路自行车的骑行姿势，希望骑手在实践中摸索出最适合自己的骑行姿势。

公路骑行姿势

在公路自行车比赛中，空气的阻力是不可忽视的因素，尤其是当速度超过 40 千米／时，人本身能量的一半以上将消耗在对空气的阻抗中。集体比赛时领骑或者单独练习时，最能感觉到。颈部前倾或稍低头可大大减少空气的阻力。等到速度得到进一步提高时，腹

图 3-2-1

部有被压迫感，呼吸变困难，同时腰周围的肌肉的负担增加，此时骑手都会降低手把，采用减少空气阻力的姿势来骑行。伸直背部和手臂时，肩关节的角度在 110～120 度的范围内，这是有经验的骑手所采取的基本托架位置。（见图 3-2-1）

休闲骑行姿势

以休闲或有氧运动等为目的的骑行者，骑行速度 30 千米／时，建议调整托架，伸直背部和手腕时肩关节的角度在 90～110 度的范围内，头略高，采取呼吸舒畅，减轻对腰部的负担的姿势。虽然调整了手把，但也可进行上斜坡时的全满转距的蹬车，通过慢慢蹬车推压托架来支持上半身，以便轻松地蹬车，这种方法在比赛过程中也常被采取。

骑行姿势调整

1.调整鞍座的高低

骑手改变鞍座的高低要特别慎重。曲柄下到最低点时，小腿的肌肉和胫部的肌肉容易疲倦，同时绷紧了的大腿肌肉和韧带有时会引起炎症。因为鞍座太高容易引起关节、韧带的损伤。踩踏达到一定水平，可提高鞍座，但是每次不得超过 5 毫米，并从负荷较小的平地上开始踩踏。膝盖上方之肌肉感到疲倦，想伸直脚来蹬车时，把鞍座降低约 2 毫米，然后踏蹬 2 小时左右，若觉得可行的话，踏蹬 2～3 个星期就会习惯。但是鞍座的高度接近最高值时，对脚的负担会加大，要习惯这种高度约需 2～3 个月。已踩踏一个时期，姿势已固定的，过高的鞍座易引起疲劳。

2.调整车把立的高度

骑行时根据自身情况决定车把立的高度。 对一般的骑手，建议最初把车把立上下移位 1 厘米左右，体验一下对腹部的压迫感，对背部和手腕的疲劳度的不同感觉等。加深理解后，每移位 5 毫米，把车把立调整至疲劳少，并能较易传递力的位置。老骑手虽然腹部被压迫，从而增加心肺机能的负担，但为了减轻空气的阻力，采取上半身低下的姿势，使肩关节角度保持在

110～120 度。一般骑手最好采取上半身略高些的 90～110 度的姿势。

提高车把立则背部的弯曲度变浅，可以避免对腹部的压迫，但缺点是力不易传递到车。相反，车把应降低时，对腹部的做压迫增加，但力较易传递到车。因此，调整车把立时要考虑比赛时间和心肺机能等因素。

骑行技术

骑行技术是自行车运动中的核心技术，主要包括：踏蹬技术、平地直路技术和上下坡骑行技术等。

踏蹬技术

踏蹬动作是自行车运动中最基础和关键的技术动作，良好的踏蹬技术可使运动员以最小的能量消耗得到尽可能大的功率，达到高速度。

动作方法 见图 3-2-2

踏蹬动作是周期性运动，即在一个固定范围内，以中轴为圆心，以曲柄为半径，重复地进行运动。根据蹬转一周的过程中脚所在的位置不同，踝关节角度变化。踏蹬一周可分为四个阶段。

第一阶段：上临界区（上死点）；第二阶段：工作阶段（用力阶段）；第三阶段：下临界区（下死点）；第四阶段：回转阶段（放松阶段）。

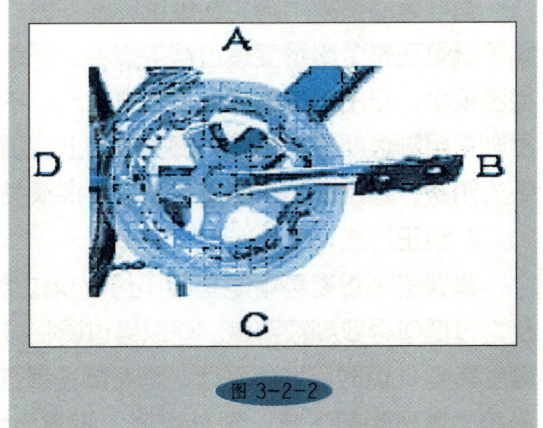

图 3-2-2

脚在最高点 A 时，脚跟略下垂 8～10 度，踏蹬力量是朝前下方；用力逐渐加大到 B 点时，脚掌与地面呈平行状态，踏蹬力量最大；再向下，用力逐渐减小，进入下临界区，肌肉开始放松，脚跟略向上抬起，到 C 点时，

脚跟逐渐上提到 15～20 度；当脚回转到 D 点时又与地面平行，往上行，脚跟又向上提起。重新进入 A 点。自由式踏蹬，符合力学原理，用力的方向与脚蹬旋转时所形成的圆周切线相一致，减少了膝关节和大腿动作幅度，有利于提高踏蹬频率，自然地通过临界区，减少死点，使大腿肌肉也能得到相对的放松。

技术要点

（1）用力阶段是踏蹬主要阶段，运动员在这个阶段内使用的踏蹬力是自行车前进的主要动力。这个阶段内踏蹬力量愈大，车子前进速度就愈快。

（2）回转阶段叫放松阶段。这段时间里一只脚踏蹬做功，而另一条腿主动向上抬起，不能给脚蹬任何压力，并利用抬腿短暂的一瞬间让肌肉放松一下，以便把力量集中起来用于做功阶段。

错误纠正

（一）踏蹬姿势

1.错误动作

有些运动员采用脚尖踏蹬或脚跟踏蹬，这两种姿势都是不正确的。脚尖踏蹬就是在整个踏蹬旋转过程中脚尖始终是向下。这种踏蹬方法踝关节活动范围较小，腿部肌肉始终处于紧张状态，不利于自然通过临界区；有些运动员则采用脚跟朝下式踏蹬，脚尖略向上，脚跟向下 8～15 度，用力时脚跟朝下式踏蹬，踏蹬车动作僵硬不利于发挥踝关节的柔韧性和灵活性。

2.纠正方法

错误的踏蹬姿势可能是鞍座过高或过低造成的，过高可导致脚尖踏蹬，反之过低可导致脚跟踏蹬。可以通过调整鞍座高低来调整踏蹬姿势，使踏蹬脚回转到 D 点时与地面平行，踏蹬脚在最高点 A 时，脚跟略下垂 8～10 度，踏蹬力量是朝前下方；到 B 点时，脚掌与地面呈平行状态；再向下，肌肉开始放松，到 C 点时，脚跟逐渐上提到 15～20 度；回转到 D 点时又与地面平行。

（二）踏蹬时机

1.错误动作

在蹬踏周期中，过早发力，发力在 A 点，或发力过晚，在 C 点甚至在

D点，以上都不能最大程度发挥踏蹬的效率。

2.纠正方法

在蹬踏周期中控制踏蹬力度。到B点时，脚掌与地面呈平行状态，这时，踏蹬力量增加到最大，要把力量充分、合理地运用在此工作阶段，但要注意不是到B点时突然加力。踏蹬动作要舒展平稳，逐渐加力，自然过渡到C点。

平地直路技术

动作方法

平地直路骑行的时候，首先是要稳，上身不要晃，要"稳如磐石"，但不是僵硬，而是放松，就像太极，全身放松。其次发力是从臀部开始，带动大腿，再带动小腿。不要使用小腿和脚踝的力量，应该体会把小腿和脚作为传力杠杆的感觉。

技术要点

直路骑行技术关键在于稳定性和高效性，其要点是：稳，顺，直。稳，上身平稳，不要左右摆臀；顺，人体与车子合为一体，下肢蹬车体用力顺畅；直，沿着公路上的白线骑行，连续走1千米不出线，这样能保证长时间骑行技术动作不变形，不易产生疲劳。

错误纠正

1.错误动作

一种是上身摇晃，左右摆臀，车体也随之摇晃，使骑行时不能保持行进的直线性，影响骑行速度；另一种由于过于强调平稳，使动作僵硬，反而容易晃。发力顺序错误，不是从臀部开始，带动大腿，再带动小腿，而是用大腿或小腿用力蹬车。

2.纠正方法

当运动员骑行速度达到平稳时体验从臀部开始发力，带动大腿主动下压，大腿再带动小腿。用力方向是曲柄圆的切线方向，即3、9点钟位置是上下运动，6、12点位置是小腿作前后摆动。整个踏蹬动作应该是一个完整

技术和战术

的、顺畅的圆周，使得牙盘在圆周运动中输出的扭矩基本不变，左右腿输出的功率基本相等，保证骑行的稳定性和高效性。

上下坡骑行技术

上、下坡骑行技术是公路自行车的一种重要的基本技术。平路上比赛时水平接近的运动员之间，很难摆脱对手，然而通过坡路骑行，只要战术运用得当，就比较容易摆脱。

上坡骑行技术

上坡骑行要尽量保持正常的踏蹬动作，遇到短距离坡路，应充分利用惯性原理，轻松地踏蹬；遇到漫长的上坡，要根据自身的体力状况及时调整变速器来调整传动比，不要等到骑不动和速度完全降下来时才调整变速器，要坚决避免重新起动的现象出现。

技术要点

上坡骑行技术关键是要根据坡的长短和角度及时调整变速器提前加速，快到坡顶时可采用站立式骑行姿势，适当调整用力部位，利用体重蹬车，尽可能提高速度，给下坡加速创造有利条件。

错误纠正

1.错误动作

有些运动员对路线不熟或没有注意到交通指示牌，等到遇到短距离坡路时才突然发力，但由于加速时间不足，车速还没达到要求就遇到短距离上坡，使车速减慢甚至停止，导致推车重新起动。

2.纠正方法

一般情况下，遇到短距离坡路时，可以提前加速，充分利用运动的惯性。不宜采用突然发力方法，只有想摆脱对手和处于战术需要时，才可突然加速，否则会过多地消耗体力，不利全程比赛。遇到漫长的上坡，要根据自己的体力状况及时通过调整变速器来调整传动比，不要等到骑不动和速度完全降下来时才调整，影响战术和技术的发挥。

公路自行车

下坡骑行技术

下坡骑行要尽量保持高速骑行，而且随时准备果断处理路面上出现的任何情况；不仅要充分利用车子运动惯性滑行，而且要敢于主动踏蹬，调整变速器来调整传动比，加大速度。高速转弯时，运动员身体和车子要尽量保持一致，向里倾斜，上体和车子保持一条直线，以克服离心力。倾斜角度根据速度和弯道大小而定，但一般不得超过 28 度，否则就有滑倒的危险。

技术要点

在坡顶时应当提前调整踏蹬动作，通过降低重心和调整变速器为下坡做好准备。进入下坡路段时要及时加速，在保持高速骑行同时，密切注意旁边运动员以及路面上随时可能出现的情况，充分利用这一时机取得领先优势。

错误纠正

1.错误动作

（1）下坡过快：急于利用下坡速度超车，不能控制车速，导致撞车；

（2）二次加速：下坡车速较快时过于控制车速，等到车速下降时再二次加速，失去了较好的位置和超车时机。

2.纠正方法

在坡顶时要利用地形优势，居高临下，判断是否采用下坡加速。如果在坡上没有摆脱对手或者在前方坡下车手比较密集的情况下就不易急于加速；反之，如果前方路况和车手比较明朗则要充分利用车子运动惯性滑行，主动踏蹬，加大速度，利用有利时机取得领先优势。下坡骑行要达到理想效果，既不能急于加速也不能过于保守，运动员要勇敢机智，胆大心细，随机应变。

转弯技术

技术方法

1.大弯道(见图 3-2-3)

半径大的弯道，转弯时要求运动员身体与车子以同样角度向里倾斜，即使上体与车身在一条直线上，车子的倾斜能克服离心力。一般情况车子倾斜度若是大于30度，车轮将失去与路面的摩擦力，否则就会使运动员因离心力的作用从车上摔下来。

2.小弯道

运动员的躯干几乎保持垂直姿势（略往里倾斜），而车子要往里倾斜角度大于躯干。半径越小的弯道速度越大，车子的倾斜也应该愈大。一般情况车子倾斜度在30～40度左右通过半径较小的弯道即可，也可以将里侧的膝部尽量朝里。如果所坐的鞍座与车把离得很近，怕膝盖碰到车把上，把膝部向里侧移；如果弯道的半径非常小，如在狭窄公路的弯道，为了避免掉下来，把膝部向里侧移也是必要的。

图 3-2-3

图 3-2-4

技术要点

（1）根据弯道半径的大小迅速地调整速度，弯道的半径愈小，速度愈大，车子的倾斜也应该愈大。

（2）根据路面的情况迅速地调整速度，在柏油路上时车子就会打滑，尤其在有沙土或小石子的路面上，更应注意。在通过湿滑的弯道时，也不应使车子过分倾斜。

(3)如果感到速度很大，哪怕有一点恐惧，也应在驶进弯道前略握一握车闸，将速度减慢一些，当进入弯道时就可将车闸松开，为出弯道加速做准备。

错误纠正

(一)时机错误

1.错误动作

转弯过急(见图 3-2-4)，过早入弯(A 线)切角过小，过早减速，容易被对手从外道超越；反之如果入弯过晚，(B 线)切角过大，容易被对手从内道超越。

2.纠正方法

正确的入弯角度(见图 3-2-4)，应在弯道的弧顶切线(C 线)，这个角度既能保持较快的车速，又能保证占据有利位置，不被超越，并可为出弯时提供足够的动力。弯道技术应先从慢速学习，体会从不同角度进入弯道、车速的变化，然后逐渐加速，再增加倾角。

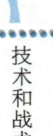

(二)倾斜角错误

1.错误动作

车子的倾斜角过小，不能提供足够的向心力，容易被对手从内道超越；车子的倾斜角过大，导致脚蹬在车子倾斜度很大时碰到地面，导致侧滑，容易从车上摔下来。

2.纠正方法

每个运动员都必须认真地练习弯道骑行技术，在实践中摸索。根据个人体重、轮胎种类以及不同路面控制倾斜角度，为了使后轮能与路面良好地切合，不打滑，必须尽量往后坐，增加后轮压力。

战术就是指运动员合理利用各种技术有效地发挥己方特长制约对手，力争掌握比赛的主动权，争取比赛胜利的方法。自行车比赛常用的基本战术有：领骑、跟车骑行、超车和冲刺。

个人赛领骑战术

在个人赛中，有出发领先和中途超车领先，领先者有权去为出发的运动员领骑。

出发领先者以 1 米的间隔在两条检查线的当中，当发令员发出"出发"的口令后，骑在最前面的运动员有权根据自己的战术采用任何速度骑驶，领先者在与其他运动员接上以前，一般不得互相超越。

 战术方法 见图 3-2-5

（1）领先者在与其他运动员一起骑行时，应该在直线上及弯道上保持行驶的直线性，均匀地驶入弯道及驶出弯道。进入弯道时，上体应该逐渐倾斜，不可过猛，使身体与车子做同样程度的倾斜。

（2）驶出弯道时，由倾斜姿势恢复成一般姿势也应该是均匀的，在弯道

图 3-2-5

半径小的赛车场上，要想均匀地由直线进入弯道，领先者应该预先由跑道内缘略往右驶开些（半径越小就要驶开得越远），沿第二条检查线驶过弯道，然后均匀地转入直道。

（3）增加速度应该是逐渐的，领先者回头看运动员或安全滚杆与他的车子前轮相碰的时候，不应失去直线行驶。领先者应该把视线集中在第二条检查线前 50～60 米的地方。

（4）超越领先要求超越者驶到前面的对手右边骑开 1～1.5 米时，加大速度，进行超越。超越之后不可立刻占据跑道的内线，应该等进行超越的运动员与被超越的领先者之间的距离在 3～4 米以上时才可占据内线。

技术要点

领先者在直线上应保持行驶的直线性，不要左右蛇形骑行企图挡住后面车手，如果不能保持行驶的直线性时路程会加长，反而容易被超越。无论在驶入弯道还是驶出弯道都要自然按切线方向均匀地驶入弯道或驶出弯道。领先者不要刻意阻挡对手，造成犯规或引发事故。

团体竞赛换班领骑战术

在团体竞赛中，巧妙地安排出发与换班是取得胜利的保证。出发时，所有参加竞赛的运动员一个跟着一个连贯地排列起来，大家都以同等的力量开始出发，因为这时没有必要改变这一纵队的次序。

战术方法 见图 3-2-6

成队竞赛有两种换班的方法：

（1）进入弯道用"急越升"的换班法（见图 3-2-6），领先者进入弯道时猛然向右骑开，利用惯性高高地升起弯道高处，好使队中其他成员迅速沿跑道内缘前进。放过两个队员以后，领先者从弯道下降，尾随在第三个队员的后面。用这种方法可以在极短的路上完成换班。

图 3-2-6

（2）在直道上换班法（见图 3-2-7），由弯道进入直道时，领先者由第二条线向右骑开 10～30 厘米，略减速，顺着惯力溜行，放松腿部及躯干的肌肉；当与第二个队员的车子中轴相齐的时候，再略用力，逐渐加大速度，尾随在第三个队员的后面。这种方法在弯道上使用，效果也很好。

技
术
和
战
术

 技术要点

在公路成队竞赛中，领先的运动员可以向左侧面或右侧面骑开，这要看风向或队员们事先的约定。最好不在陡峭的上坡或下坡时换班。在陡峭的或漫长的上坡时，速度必然大大降低，这时，队员们最好不要保持队形的前后距离，而是各自使用自己感到最方便的上坡

图 3-2-7

踏蹬法独立地骑上坡。当达到上坡的顶点时，需要马上恢复队形。

无论用哪种方法，领先者在向右骑开预备换班以前都必须略加大速度，加大与第二个队员之间的距离，约 50～60 厘米。这样就可以放心向右骑开，对后面的队员不会有丝毫妨碍。否则，在领先者向右骑开的时候，第二个队员的车子有可能碰到前车的右侧，为了躲开前车，第二个队员势必也往右骑开一些，这样整个队形就会被打乱。

▼ 跟车骑行

无论在团体赛或个人赛中，运动员正确运用跟车骑行技术，是争取胜利的一个主要因素。这是因为运动员跟在别人后边骑行时，可以借助于前边运动员冲破空气阻力所产生的涡流，推动车子前进，从而减少自身体力的消耗。

战术方法 见图 3-2-8

（1）缩短与前面车的距离，以不影响视线，容易观察前面路面为好。公路骑行，跟车距离一般在 15～30 厘米左右。同时要注意风向和风力。风从

正面迎来，应由一人领骑，其他人在后面排成一路纵队，跟在前车左侧方或右侧方 15～30 厘米处。如风从左方来，可跟在前车右侧后方；风从右方来，可跟在前车左侧后方。如果侧风较大，跟随前车距离要近；如果侧风小，跟随前车的距离可略远些。在下坡时不要与前车在一条直线上，侧错开

图 3-2-8

一些，转弯时略向外后侧错开，以免发生事故。

（2）跟车骑行时，头略抬起，两眼正视前方，余光看到前车的后轮即可。倘若只低头看自己前车轮，一旦前面出现障碍，就有摔倒的危险。当然，在团体比赛中，交通停止，路面平坦，短暂的低头骑行，使颈部肌肉得到放松，以便节省体力。

技术要点

跟车骑行战术关键在于掌握跟车的距离，跟车不是目的，最后还要伺机超车。开始训练跟车时，跟车距离可略远些，相距 30～50 厘米。随着骑行技术的提高，不断缩短跟车距离，直到 15～30 厘米。从两人配合练习逐渐过渡到三四人配合练习。同时，要专门训练撞车后的摆脱技术，防患于未然。

跟车骑行中很容易两车相撞，多数是后面车的前轮碰上前车的后轮。前面的运动员要急刹车或突然减速时，后面的运动员不要突然刹车，否则容易造成后车追尾，只要略减速，将身体和车子一齐向左或右歪，两车即可逐渐分开，也可超越前车。

超车

在激烈的自行车比赛中随时都会出现超车和被超车，超车是极为重要的技术和战术。为了满足一定的战术的需要，超车和被超车都是必要的，正是因为有了超车，比赛才变得风云莫测，精彩激烈。

战术方法

1.脱颖而出式（见图 3-2-9）

如果途中骑行，所处的集团人数比较多，运动水平参差不齐，高速骑行中很可能发生撞车事故。如果是高水平运动员就没有必要为低水平运动员的失误付出代价，为了快速拉开档次，可以利用超车挑起车手之间的竞争，从而提高集团的车速，等到车手之间拉开了档次，再伺机超越。如果不想领骑也可自然地被超越，实施跟骑战术。

图 3-2-9

2.掩护同伴式（见 3-2-10）

如果是在团体赛中可以利用一名或几名队员不断地超越对手，先挑起超车加速高潮，消耗对手体力和精力，扰乱其节奏和预先准备好的战术。实施战术是要合理利用规则并借助路段地形和地势优势，并且在转弯处利用路面较窄，对手难以超车实施掩护，红方主力队员（24号）占据内侧，一队友（63号）在左后方保护，挡住后面企图超越的对手，另一队友（27号）在左外侧超越并挡

图 3-2-10

住外侧企图超越的对手，等到对手车手感到疲劳时，红方主力队员要伺机占据领先位置。

3.主动领先式

临近终点赛段，必须要超车获得领先优势，如果前面有 1 名很强的对手，不要再企图利用对手产生失误进行超越了，必须主动进行超越，这时便是技术、体力和智慧等综合实力的较量。如果有能力超越对手就该不遗余力；如果没有把握，最好还是量力而行，可先试探对手的实力，再做选择；如果没有能力就不要强行超越，否则将得不偿失。

4.渔翁得利式

如果前面有甲、乙两名强手相互竞争，可以利用乙超越甲时，紧跟其后一起超越甲，跃居第二，同时要在乙没有调整稳定之前立即实施超车，跃居第一。一定不要贻误战机，否则将付出更多的体力，此谓"鹬蚌相争，渔翁得利"。并且在超越后全力进行一段急加速，拉开与对手之间的距离，使身后的对手不能利用我方的风阻，并在心理上彻底打垮对手的精神防线。

技术要点

1.明确超车目的

超车有多种目的，多数超车时为了取得领先优势，但有时超车并不是只为了领骑，而是多种战术的需要。

2.判断超车时机

在高速骑行中，超出对手并不是轻而易举的事情，需要等待时机，超车在某种意义既是一种技术更是一种技巧，要求运动员必须掌握捕捉时机的能力，并根据实际情况迅速做出判断。可以利用路况的变化（如上下坡、转弯、洼坑或积水），对手的失误（如滑倒或撞车事故等）实施超越，也可以主动创造机会，但机会出现时，一定要把握住，否则"机不可失，时不再来"。

3.权衡得失

比赛中，高速超车这是一种冒险，为了赢得比赛或挑战极限有时必须去冒险，如果运动员认为付出和获得的利益是相当的，或超过付出，便可以实

施超越，如果在团体赛中，就可以牺牲自己的体力甚至更多，来换取队友的成功。

冲刺

终点冲刺是取胜的最后一关。终点冲刺与猛冲不同，猛冲是自愿地或速度相当低的时候开始的，而终点冲刺则是在快到终点的时候开始的。为了使战术尽可能多样化，可采取多种终点疾驰的方法。

战术方法

1.间歇式

在距离终点段 800～1000 米之前，运动员不是始终紧张用力，而是有间歇性地做短促"爆发"式用力。在使出最大的力量以后，靠惯性溜行，这时要使"间歇"与吸气配合。这种爆发用力的次数应逐渐增加，每次"爆发"延续的时间随运动员的个人特点而不同。这种终点段疾驰法的优点是，使肌肉在短暂的时间内得到休息，获得新的力量。这种方法与一般的终点段疾驰法一样，多半是被领

图 3-2-11

图 3-2-12

先，而且是先开始终点疾驰的运动员所采用的。

2.跟随式

在终点赛段前 600～800 米时跟随前车，不急于超越，而是始终保持 2～3 辆车身的间隔，使之放松警惕，等接近终点 100～200 米左右时突然加

速，提前获得高速度。这样，在对手发觉时将以高于对手车速追上对手，成功超越，领先到达终点。使用这种战术意味着要比对手提前进入冲刺状态，这就要求车手必须具备较强的无氧运动能力，能够保证长时间高速冲刺的需要，直至抵达终点。

3.紧随式(见图 3-2-11)

在终点赛段最后的 300～500 米时前面只有一名队员，后面队员距离较远，同时又没有把握一定能超越对手，可采取"紧随式"。始终保持在前车侧后方 20～30 厘米的间隔，试探对手的实力，甚至可以更近，前轮与领先队员后轮平行，而不急于超越。给对手造成心理压力，并储备力量，以便在最后几十米加大速度疾驰，在终点线前做决胜的冲刺。

4.疾驰式(见图 3-2-12)

接近终点 100～200 米赛段都是宽阔的直路，运动员要降低重心，减小风阻，保持直线，竭力蹬车，不遗余力做短时的无氧运动，以最大速度进行终点冲刺，这是运动员常采用的方法。

技术要点

1.无氧能力

自行车运动过程中多数都是有氧运动，但在终点冲刺阶段无氧能力很重要。无论你采用何种冲刺方式，必须先具备急加速的无氧工作能力，即在最短的时间内获得最高的速度并保持这个速度。

2.距离感

准确地判断离终点的距离，以及与车手的间距，终点疾驰段一般在距终点线 600～800 米，或更远一些(根据车手个人素质有所区别)。只有具备良好的距离感，才能正确把握加速时机。如果过早疾驰就支持不到终点，而过晚则不能达到最高速度，而失去机会。

总之，"没有最好的战术，只有最适合的战术"，既不要盲目地效仿他人的战术，也不要拘泥于预先设计的方案，应当随机应变，根据实际情况采取最适合的方式冲刺才能一击制胜。

技术和战术

第四章　山地自行车

　　山地自行车是专门为越野行走而设计的，1997年诞生于美国西岸的旧金山。自行车虽然始于欧洲，但美国人发明的山地车却一扫传统自行车的概念，将一股新风吹遍全球。在山地赛中，选手们必须具备良好的耐久力、平衡能力和承受能力，才能在崎岖不平、前途难以预料的赛程中超出对手。

第一节
骑行前准备

　　无论你是山地车运动发烧友，还是休闲娱乐爱好者，进行山地车运动之前都要做好充分的准备。本节将简要介绍应该如何选择适合的车辆、如何调试山地车以及如何选配必要的服装及装备。

选择车辆原则及注意事项

　　在运动前要先选择适合自己的赛车，可以购置整车，也可以到车行量身配置一辆个性十足的爱车，选择车辆一般遵循以下的原则。

重量与材质

　　（1）参加正规山地比赛要先满足赛会对车辆的要求。为了保证参赛车手的安全和赛会的正常进行，正规比赛对赛车有比较严格的要求。如果要参加某项赛事，必须满足赛会对参赛车辆的要求，如果不符合规范必须对参赛车辆进行改装或换车。

　　（2）根据个人身高体重选择车体的长度、重量及材质。山地越野车主要是针对平地爬坡或是树林道路面使用，受外形影响并不适合作高难度的特技动作，反而适合长距离翻山越岭。由于在行驶过程中，车手上半身需要略向前倾，才能在不断加速或爬坡情况下施力，所以车架的高度都不能太高，一般采用容易操控车身平衡的"一"字形平把手，在车架方面，分别有"Y"形骨架及传统式的钻石车架。因此，在选择车架时应先考虑个人的身高、体重。而山地越野最大的特色便是安装了后悬吊连杆及摇臂，将减震系统发挥出最大的功能，以适应任何无铺设路面的骑乘需求，具有能承受更高路面冲击力的特点。车架均以特殊材料造成，包括有铝合金、钛合金、碳纤维、高碳钢、及复合材料等。

　　一般休闲越野车都要满足林道、河床地、上下坡等基本路况的行驶要求，而参赛车则必须经受近乎残酷的比赛路况的考验。车手要根据不同需求（休闲或参赛）选择变速器、齿轮、避震器和刹车装置等零件。

　　为了攀越颠簸的坡地，山地越野车设有前置式避震器，牺牲了车身的灵活性及轻巧度，车架后方则采用固定式后摇臂。多功能越野车设有前置式及后置式避震器，前避震系统是倒置式避震器，这种避震器主要是为了在下坡时的高速及恶劣路面上不影响车手的操控而设。后避震器种类繁多，包括有弹簧避震器、气压避震器和复合式避震器等。值得一提的是复合式避震器是采用弹簧气压再加上油压，可独立调整上下压力级数的高级避震器，大大改善了车子在跳跃或在崎岖路面行驶时的稳定性，同时亦保留了爬坡的优越功能。

　　在变速系统方面，则采用前置式变速器，分别有常见的 18、21、24 段可选择，方便在不同路况中进行加速减速。而变速把手则有拨杆式及旋转式两种。

　　在刹车方面，休闲车友可选择传统的"V"字山地刹车。 而为了得到最良好的刹车功能，比赛选手大都使用油压碟刹，配合专用的刹车轮架，在紧急状况下提供最安全的制动功能，并且可以进行简单的跳跃动作，是适合竞赛及玩耍的刹车装置。

　　轮胎的选择，轮胎根据重量分为多种型号。山地车则要使用 400 克以上的轮胎，比赛时可根据路面情况，选用 500～600 克的宽轮胎，根据路段轮胎外表的花纹结构，不同胎纹的越野轮胎也是为增加轮胎贴地性以加强操

控性能而设计，能克服高度崎岖起伏地形的变化。花纹越浅、中间部位棱角越少的外胎骑起来阻力越小（这里可以理解为外胎与地面的接触面积在骑行者压力下的大小变化，面积越大阻力越大）。同理，外胎两侧的花纹越高，下坡中拐弯感觉越好、平路快行越累。一条深胎纹的轮胎基本上可以满足紧急刹车、碎石跳跃的骑行需求。山地车轮胎宽从 1.5～2.3 厘米不等，骑行阻力也是随着轮胎宽度加大而递增的。

以上的分类方式，是以单车的性能来简单划分的。越野车在公路上骑起来由于重量较大，避震器会吸收踩踏的力量，而且宽轮胎的阻力比较大，骑起来费力。只要作适当的改装，把越野车的避震前叉改成固定前叉，把越野轮胎改为胎纹浅的轮胎，越野车也可以适合公路上的旅行或游玩骑乘。

检查各部件

检查车辆时要注意的几方面：

（1）检查车把是否能灵活转动；前车叉、车大架等部位是否有变形和裂痕，各部位的螺丝是否拧紧。

（2）检查减震的弹性及回弹状况；检查车轮是否装正，若有偏斜或变形，会使车轮上下跳动或左右摇摆，必须及时校正；检查外轮胎胎纹是否完好，内胎气压是否合适。

（3）检查中轴、后轴等轴承部位的转动是否良好。检查中轴，可以使之转动，如果转动过程中有比较大的无规律的杂音（脚能感觉到"嘎嘎"的突然阻滞），就是里面缺油；如果转动速度不均，可能是其轴承滚珠有损坏，应特别注意滚珠有无损坏现象。

（4）仔细检查轮盘、链条、飞轮和变速器，这几个部件相互咬合，其中一个部分出故障就会影响其他部件正常运转。如轮盘齿牙损坏不能及时修理就会"咬"坏链条，导致其他部件磨损。检查链条要仔细检查链条的每个节结，是否有裂缝节、死节，保证链条正常运转，不要在比赛时装换新链条。如果比赛时必须更换链条时，应将链条和飞轮一起更换，避免新链条和旧齿轮不吻合而掉链。检查飞轮与变速器配合，每个档位是否运用自如，传动是否迅速，各弹簧的伸缩度要适中，变速线是否光滑畅通。每次训练或比赛结束后，应将变速装置全部回位，减少弹簧压力，延长变速器使用寿命。

（5）检查脚套、皮条及脚蹬是否完好无损；车鞍座要保持与横梁平行，不能倾斜，前后位置适中，车座皮若有损坏，立即更换；刹车系统要各部件齐全，闸皮与车圈之间间隙度适合，刹车灵敏有效。

第二节
技术和技巧

山地自行车赛不同于公路自行车赛，赛段路况复杂，比赛路线可能包括：森林公路和林道、原野、泥土或砾石小道。经铺设的路面或柏油道路，不能超过比赛路线总长的 15%。因此对技术的要求较高，同时还需要一定的技巧来应对各种路况。以下简单介绍山地车基本骑行技术和技巧。

 骑行姿势

选手要根据路况及时变换骑行姿势，如果骑行姿势不适当，就容易导致肩背疲劳，背痛是山地车运动最常见的问题，初学者和职业选手都会有背痛的烦恼。只要能找出适合自己的正确骑行姿势、车架高度、上管长度等，就能阻止背痛的发生。以下简要介绍正确的骑姿以及避免背痛的方法。

动作方法

休闲的骑行姿势，理想的鞍座位置是：鞍座和手把高度的差异略小。身体重心落在后部，减少背部肌肉的负担。经过有规律的训练，可以逐渐将手把高度放低。

如果是受过训练的运动员或山地车发烧友就应该尝试上身向前平趋的骑姿。鞍座和手把高度的差异较大，身体的重心也因此前移，使肩部肌肉的负担加重。这种姿势可降低风阻。

运动员还要根据山地赛段路况不同及时调整鞍座和手把高度，来调整骑姿。下坡骑行或速降赛，身体重心要尽量落在后部，爬坡身体的重心就要前移，甚至采用站立式骑行。

技术要点

山地车没有绝对的最佳骑行姿势，只有相对最适合的骑行姿势，个人要根据身高和臂长调整鞍座高度，但是要注意：对于每一次调整都要以0.5～1厘米为原则，等到适应了再逐渐调低。山地赛段路况复杂，要根据路况变换骑行姿势，但同时选手还要根据不同路况不断摸索合适自己的姿势，如上坡姿势、下坡姿势、平路时又采用什么姿势，并把它固定下来，形成个人技术细节。

错误纠正

1.错误动作

一般人误以为，使上身尽量向前、向下舒展开来的骑姿就是运动骑姿。事实上，这种骑姿起源自山地车的初期发展阶段，今天看来这种骑姿并非良好骑姿，即使在越野车专业选手中都已不流行。世界杯比赛都很艰苦，而且可长达 3 个小时，上身和头部的重量必须要靠双手和手臂来支撑，整个头部和颈部的肉由于长久的静止支撑工作而负担沉重。

2.纠正方法

上身向前倾的骑姿使身体重心向前移，肌肉因此必须承担更多的重量，尤其是肩胛骨的肌肉会因长达数个小时的支撑工作而超负荷。以较适当的上身倾斜程度，较易通过考验。

山地骑行技术

山地越野赛不同于公路赛，路线上地形复杂，上山下坡，变化较多。因此，要求车手不仅具备自行车基本的骑行技术，而且还要掌握山地爬坡、下坡、跨越障碍等基本技术，另外还要具备穿越沟壑、巨石、积水和沼泽地等特殊障碍技巧。

跨越障碍技术

借助跳跃就是通常讲的"齐足跳"，它是山地骑行中最适用的技术。如果前面出现了减速带、水坑或巨石等障碍物，而且又没有可攀借力的斜坡和沟沿，就可以使用这一技术，既可以成功地跨越障碍，又不必打断行程或放慢速度。

 动作方法 见图 4-2-1

（1）看准前面的障碍物，继续保持比较合适的速度前进。在碰到障碍物之前，上身伸直，四肢略弯曲，形成下蹲的姿势，蜷缩在自行车上。

（2）在自行车前轮将要碰到障碍物的时候（相距约 50 厘米），向下按压自行车的前部，然后，双腿和手臂用力，身体向上、向前猛冲，并把车头抬起来。

（3）前轮离开障碍物后，双臂扭动车把，重心前移，双脚向后、向上猛拉（带脚套的脚蹬在这个时候就能派上用场）。此时，后轮离开地面，沿着前轮的轨迹向前滑动。

图 4-2-1

（4）将身体重心前移和后移。重心前移有助于前轮着地，后移则有助于前轮抬起。这样做的目的是想让后轮着地，再让前轮着地。

❀ 技术要点

（1）"齐足"就是在自行车前轮将要碰到障碍物的时候，向下按压自行车的前部，然后双腿和手臂同时用力拉车体，重心后移，"人车一体"向上、向前猛冲，提起前轮，就像一个人双足并拢，一齐跳过障碍物一样，因此称"齐足"。

（2）"跳"就是前、后轮"跳"，关键是人体重心的移动，控制前后轮的抬起，重心后移，提起前轮"跳"起和当前轮离开障碍物后，重心前移，使后轮"跳"离地面，因此称轮"跳"。平时要注意多加训练。

❀ 错误纠正

（一）"齐足""不齐"导致"人车分离"

1.错误动作

在前轮将要碰到障碍物的时候，双腿和手臂不能同时用力拉车体（"齐足""不齐"）。这时身体抬起，但前轮还没提起（"人车分离"），动作"脱节"就会导致前轮撞上障碍物而减速或翻车；同样要使后轮抬起时，如果双臂和双脚不能同时用力，"人车分离"，后轮也不能离开地面。

2.纠正方法

在前轮将要碰到障碍物的时候，双腿和手臂一定要协调一齐用力，这时身体和车轮抬起，这就是"人车一体"。

（二）"重心不移"导致"跳"不起

1.错误动作

跨越障碍过程中要求人体重心前、后、上、下移动，从而控制车体前、后轮抬起跨越障碍，如果"重心不移"，将导致前、后轮抬不起来，即"跳"不起。

2.纠正方法

要提起前轮时，双腿和手臂同时用力拉车体，重心后移，保持平衡；反之当前轮离开障碍物后，双脚向后上猛拉，重心前移，有助于前轮迅速着

山地自行车

地，才能使后轮"跳"离地面；当后轮离开障碍物后，要迅速调整重心回到正常位置，这样才能保证平稳跨越障碍。

上下坡是山地车经常遇到的问题，要根据上下坡的路况灵活采用不同技术和技巧予以应对。如果遇到短而直的上下坡应该用同平道上一样均匀的速度通过。如果遇到漫长的路况复杂上下坡或连续的上下坡、斜坡，就应采取特殊的技术应对。

如果遇到漫长的上坡，并且路况不好，不可直线骑行上坡通过，就应改用曲折行进的方式通过。

若坡急、陡坡，车速降低，应该从车鞍座上站起来，用离座立式骑法通过。如果遇到上坡路线很难通过，那就不必骑在车上白白消耗体力和时间，最好下来推车跑步通过。

下坡时，特别是路面很滑和急转弯时应控制车速。

斜度较缓的下坡，并且前面是能看得很清楚的上坡，则可用最大的速度通过，并利用下坡所获得的疾驰惯力通过前面的坡。

如果下坡的尽头是弯路，那就需要预先将车速略减慢。如果对转弯和转弯前面的情况还不熟悉就更应如此。在下坡时刹车的使用要特别注意，尽量使用后刹车；如果需要大力刹车，则必须先用后刹，再用全刹；需要前后闸同时使用时，要把体重移到车鞍座的后一部分，两肩提得高些。

下坡时应小心深车辙，因为进了车辙就不容易摆脱出来。在这种情形下，最好把车子停下来。遇到有深而交叉的车辙、窄而深的小沟及车压的坑时，可用如下的方法通过：使车子与上述障碍成直角，当前轮驶近障碍时体重往后移，上体伸直，将车把向怀里拉，等前轮悬空越过障碍后，上体再前倾，这样后轮的负担就被减轻了，即便遇到障碍也能轻易地越过（见图4-2-2）。宽30~50厘米的障碍可以用另一种方法通过，运动员驶近障碍

技术和技巧

时，使两脚蹬处于水平位置，站在脚蹬上，在障碍物前1.5～1米的地方向上提起。根据事先疾驰的速度，车子能够提高到20～30厘米凌空驶过1.5～2米。用这种方法也可以超过树根、小丘、大木棍等，但是这种方法只有在熟练掌握以后，才可在竞赛中采用。

图 4-2-2

跨越障碍技巧

越野赛由于地形复杂，路况多变，一路上需要跨越沟壑、积水、小石子路、巨石、沼泽地等障碍，所以要求骑手在具有基本骑行技术基础上，必须掌握一定的山地骑行技巧，针对不同的情况灵活地采取相应的技术。

跨越巨石

　　骑行速度很大时应该尽量往远处看，以便及早发现障碍，及早采取应对措施。如果遇到比较大的石头时，最好避开，从旁边绕过去（见图4-2-3）。要想从上面跳过去，则要看石头后面是否有足够的空间，自行车落地时是否安全。如果自行车速度较慢，石头又比较大，可采用特殊的骑车技巧如"齐足跳"。临近大石头时速度要放慢一些，等到越过这一障碍以后再加速，同时要选择动力传动速比较大的齿轮。一般链条、飞轮都选用中号的。

图4-2-3

小石子路

　　所谓的小石子，其体积只有钢珠大小。但在上面骑行对所有的车手来说都是一个不小的挑战。遇到这种地形，控制自行车和刹车都很困难，必须掌握相应的控车技巧。

　　在布满碎石或鹅卵石的地面上控制自行车不如在质地坚硬的地面上容易。因此骑在车上时，车手一定要全身放低，根据情况随机应变，不是"驾驭"自行车，而是"指导"自行车从某个比较硬的地方跳到下一个比较硬的地方。要想成功，在骑车过程中必须先瞄准所选定的地方，然后冲过去。要

想改变骑车的方向，车手只需要把身体的重心从一侧移到另一侧，再轻轻地推动自行车朝着某个方向前进就行了。

穿越沟壑

穿越沟壑时，要尽可能地使自行车保持水平状态。如果被卡在沟里，轻者会撞击一下，重者会损坏自行车。最简单的方法是把自行车从沟上面扛过去。

如果沟的宽窄合适，还可以从沟底穿过去。前轮碰到沟沿时，先把身体重心后移，使之离开前轮，然后推动前轮下到沟内。等到了对面的斜坡时，再提起前轮并从沟中冲出去。身体重心前移时，要继续踏蹬这一技巧与跨越比较大的石头所用的技巧相似。不过，这里要做的不是从障碍物上面跃过，而是从沟底冲出去。

有斜坡的宽而深的沟及路两边的沟不要成直角通过，而要使车子与沟成20～30度角通过，并把速度略减慢一些。从沟中驶出来的时候，即当前轮开始往上爬的时候就应更加用力地踏脚蹬，以便赶快驶到平坦的路面上。否则，车子就会毁损或前翻过去。

由流水冲刷而成的"V"字形沟壑是比较难对付的地形之一，最深处在50厘米左右。最好的方法是在跨越沟壑时运用前轮离地平衡技巧。后轮碰到沟底时身体重心略前移，同时继续踏蹬，直到冲出沟底。

如果自行车被卡在沟内，需要找一个坡度较小的地方骑出来，也可采取侧身齐足跳，从沟内跳出来。但是，如果沟太深，要慢慢减速，等自行车停下来以后再爬出来。

树根和圆木

树根对许多车手来说，相当于严重的障碍物，尤其是在斜穿斜坡时车手一定会被绊倒。遇到这种情况，或者是扛着自行车跨过去或者是运用前轮离地平衡技巧，抬起前轮，紧接着重心前移，让后轮从树根上面滚过去。记住一定不要增加动力传动系统的压力，否则会减小摩擦力。

对待圆木要像对待大石头一样，使用相同的骑车技巧。唯一的不同在于后轮碰到圆木的那一刻，一定要保证前轮已经落在圆木的另一侧了，因此，身体重心不要太靠前。较细的圆木可以利用齐足跳技巧跳过去。

 横穿积水和沼泽地

从有积水的地方穿过虽然非常刺激，但是在这么做之前最好检查一下水的深浅，看一看水中是否有石头或者深坑，即使非常了解这种地形，这一环节也不可以省略。如果不了解，或者说好长时间没有从这里走过了，最好放慢速度，或者干脆下车，

图 4-2-4

步行过去。不过，如果很自信，认为自己能够安全穿过，那么就放开胆子冲过去，但一定要把身体重心后移（见图 4-2-4）。

如果遇到有泥土和草的路段或沼泽地（5～10 厘米宽），应该预先加大速度，紧握车把骑行通过。如果路段比较长的，则应以慢速通过，尽量顺直线骑行，避免突然减低速度和停车现象，只用躯体保持平衡，不必借着车把的帮助。如果车子已经停了下来，就不必再骑上去，可以推车通过。在通过有矮草的路段，不应该猛然刹车或以很大的速度拐急弯，否则车子就要打滑。如果草比较高，而地面不平，就应减低速度，否则容易陷到被草遮掩的坑中，或车轮压在坑和车辙里。

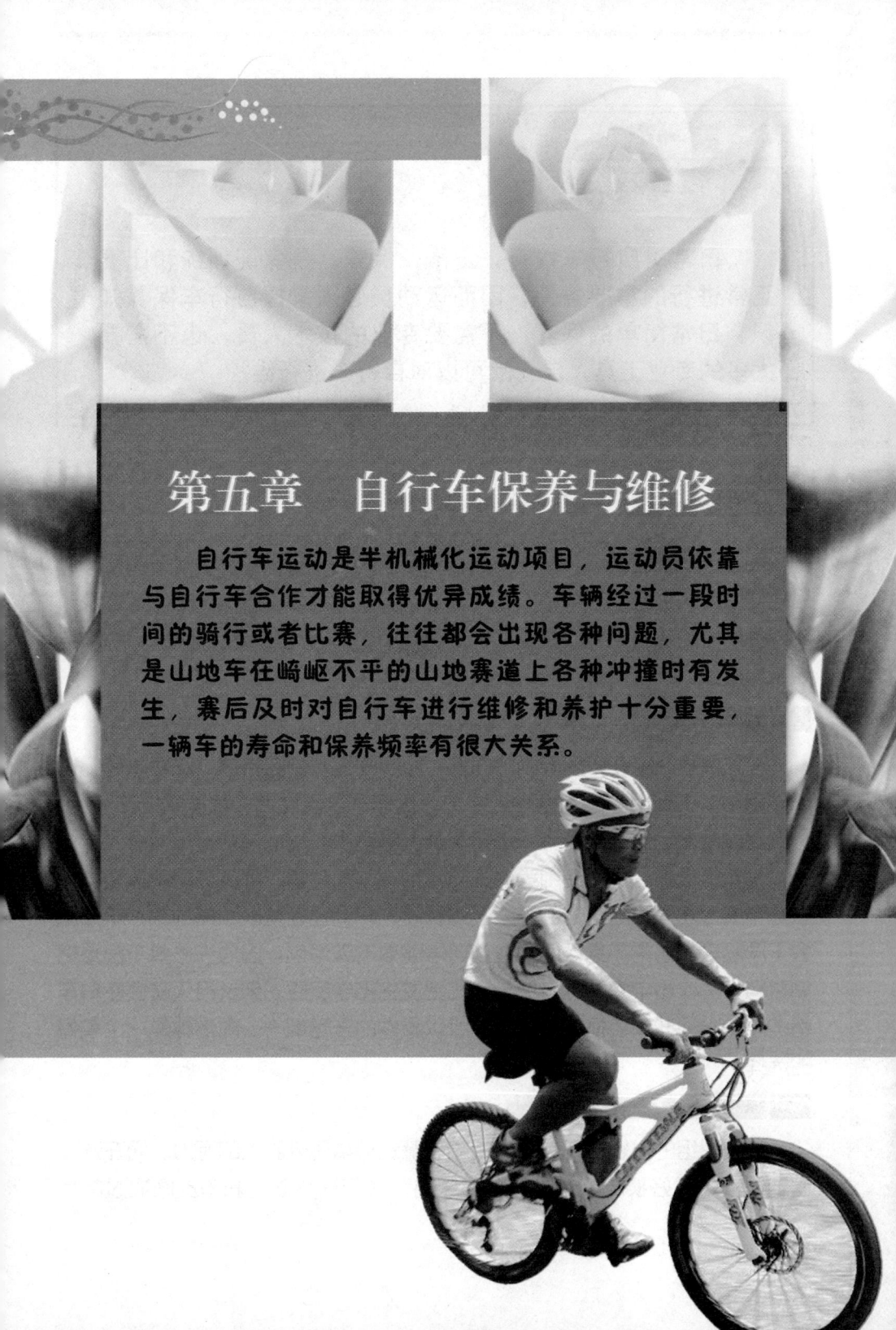

第五章　自行车保养与维修

　　自行车运动是半机械化运动项目，运动员依靠与自行车合作才能取得优异成绩。车辆经过一段时间的骑行或者比赛，往往都会出现各种问题，尤其是山地车在崎岖不平的山地赛道上各种冲撞时有发生，赛后及时对自行车进行维修和养护十分重要，一辆车的寿命和保养频率有很大关系。

第一节

维护与保养

　　日常对自行车检查、维修、保养，是保证训练和比赛正常进行的重要条件，因而运动员必须掌握自行车保养知识。日常简单的保养，不需要专业的技术人员，也不需要太多的专业工具，自己就可以对自行车进行维护。

擦洗各部件

　　自行车要经常擦洗，保持清洁。通过擦拭不仅可以使爱车光亮如新，而且还可以帮助检查自行车各部位的完好状况。只有把车擦拭干净，才能及时发现各部位的故障，及时修理，保证训练和比赛的顺利进行。车辆日常清洗通常只需要几样常见的工具：小喷壶，废牙刷，抹布，去污剂等。

❊ 清洗车架

　　首先要除粘附在车体表面的污泥，用小喷壶或湿抹布擦拭就可以轻易地去除泥污。不要用高压水枪等去冲洗，这样水很容易进入轴承或者花鼓里，影响零件寿命。然后再用清水洗掉车架上的泥水。

　　其次是去油污，可使用柔性的去污剂——洗洁精，用废牙刷或抹布就可以把车架上油污去除。遇到车架上的顽渍，只要轻轻地来回擦几次，车架就会干净起来。通常不推荐使用洗衣粉等强效的去污剂，因为许多单车都是铝制材料，洗衣粉中含有的碱成分会和铝发生化学反应，天长日久就会使单车铝的部分出现些颜色怪异的斑纹。所以柔性的去污剂——洗洁精是一个较好的选择。

❊ 清洗轮组、车头和座管

　　在洗轮组的时候，可以选择用刷子蘸洗洁精刷外胎上的泥沙。而在洗车圈的时候，最好换成蘸有洗洁精的抹布，仔细抹车圈上刹车皮磨损过的地

方。辐条方面简单的擦洗就可以。在洗完花鼓的时候，同样不要用高压水枪等祛除洗洁精。只需用干净的抹布擦抹就可以了。在洗座管和座包的时候，注意不要让泥水顺着座管夹的缝流进座管里。

清洗指拨、前拨、后拨

指拨里面是比较复杂的，零件内有较多的黄油起着润滑作用。在清洁指拨时最好用抹布轻轻擦一下，干净就可以了。洗前拨、后拨的时候，可以用小喷壶直接对准前后拨的空隙地方用水冲洗，这样可把卡在前后拨里的泥水和沙子冲洗掉。冲掉后可同样用洗洁精把前后拨上面的油污洗掉并迅速擦干。

清洗前叉、脚踏、刹车

前叉和脚踏清洗很简单，脚踏只要把泥水洗掉就可。前叉最好不用水冲洗，在擦洗叉子内管的时候，要把抹布上的水拧干后再去擦前叉的内管。前叉内管使用一段时间后会有些杂质留在上面，可以用棉签轻轻擦掉，最好能够养成保持前叉清洁的习惯，这也是对前叉最基本的保养。在洗刹车时候（以 V 刹为准）可以用水管直接冲洗在刹车里面留有的泥沙，为接下来的保养做好准备。对于轮盘、前后变速器、导轮等都可以用刷子去除灰尘和小的污垢。

清洗齿盘、飞轮和链条

在整个清洗过程中，这三个配件是最脏的部位了。因为配件上留有润滑油，灰尘最容易粘附。我们可以先在抹布上倒上洗洁精，蘸了水后就可以去清洗齿盘，尽量用抹布把每一个盘牙洗干净，当洗完后用水一冲，齿盘已经光亮如新了。

洗飞轮要把后轮拆下来清洗。先放松后刹车，这样刹车就不能夹着轮子了。然后把两边的螺钉扭松，再轻轻拍一下后轮，轮子就能出来了。把轮子放在地上，用抹布在飞轮上仔细擦抹。把轮子装回车子上要注意后拨的位置，慢慢拉开后拨就可以把轮子放进去。这个过程很简单，经过一次两次拆装后即可了解。

维护与保养

最后要清洗的就是链条了，长时间骑行后，链条上容易粘上许多泥沙。这里介绍两种方法：第一种是使用煤油洗链条，把蘸有煤油的抹布包住链条来回拖动。这样做的弊端就是会让自己身上留下异味，沾上油垢和油渍。第二种方法则是用洗洁精。这需要注意的是在洗链条的时候，最好能使用45度左右的热水，这个温度更容易发挥其清洁作用。除了需要用蘸有洗洁精的抹布来回擦拭链条外，最好再用粗一点的毛刷子慢慢地把每一节链条刷一次，很快黑色的链条就会呈现出原有的色泽。

将车辆及其部件清洗完毕以后一定要把各个部件擦干，并把车辆放置于通风干燥的地方，避免生锈。

自行车零部件的润滑

自行车各零部件之间产生相对运动的形式为滚动运动和滑动运动。轴承部位产生滚动摩擦，链条、链轮、飞轮之间及运动着的零件之间则产生滑动摩擦。要减少运动时的摩擦，应该随时加添润滑剂，将各部件之间的直接摩擦，变为与润滑剂之间的相对摩擦；各部件不直接接触，把干摩擦变为湿摩擦，减少摩擦阻力。骑起来润滑，轻便，节省体力。因为湿摩擦产生的阻力只有干摩擦阻力的1/40，所以，湿摩擦产生的热量小，零件不会因过热而变形，降低了磨损，保护了零件。尤其在雨天进行训练和比赛时，更应注意给各部件加添润滑剂，防止由于水分侵蚀而造成零件失灵或损坏。因此，每个自行车运动员应特别重视润滑剂的使用。

使用润滑剂要适可而止。晴天少加一些，否则会粘上大量尘土，影响转动；下雨时多加一些（特别是链条上）。参加多日赛时，最好带上个小油壶，每骑行2小时就给链条上加一次润滑剂，以减少摩擦，否则，链条正常传动会受到影响，加重体力消耗。

使用黄油（钙基润滑脂）时，应根据气候和训练、比赛条件不同而选择不同种类的油。公路赛车应选用硬度较高的3#或4#润滑油，冬天使用软一点的润滑油，夏天可使用硬一点的润滑油。

 **齿轮** 见图 5-1-1

齿轮维护内部机件已经
开始产生比较大的无规律的
杂音（脚能感觉到嘎嘎的突
然阻滞），是里面缺油导致
的，加了油后，花鼓声音干
涩的状况得以改善。但是如
果出现推车时曲柄会随着
转，原因是加多了或者用了
太黏的油，阻力相对就大
了。

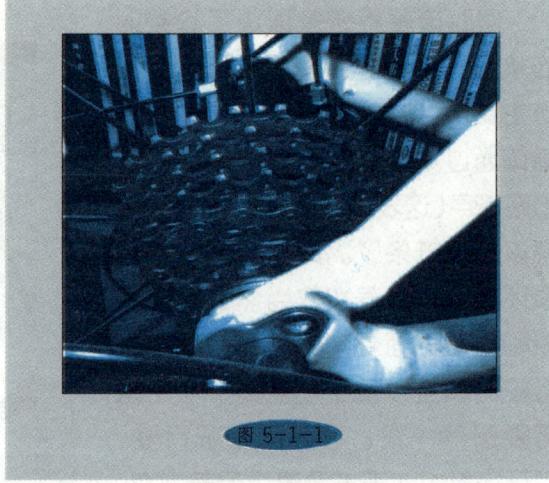

图 5-1-1

 **轴承**

（1）脚踏板，一付脚踏板各有 2 个字母标志，当我们认定 R 为右、L 为
左。上脚踏板不论左右，扳手旋转方向是以车轮前进时的旋转方向一致为上
紧（扳手都是朝车的前方转下）。卸脚踏板时，扳手的旋转方向同车轮后退时
的旋转方向一致就可以松出卸下（扳手都是朝车的后方转下）。（开口专业具
是在曲柄的外侧，六角扳手在曲柄的内侧，它们的方向都一样）

（2）中轴，装卸中轴（用中轴专用工具），中轴有 2 个部件：一个是轴承
套本体，另一个是固定碗。轴承套本体固定在五通的右侧，固定碗在五通的
左侧。扳手都是朝车的后方转下为紧，卸下、左右同是向车头方向转下为
松，它和脚踏板装卸方向是相反的（一体式的轴承套有左右标志 L/R），踏
板、中轴的装卸，不管是在车的左侧或右侧它们的各自的装卸方向都是一
样。

 见图 5-1-2

何时该保养链条取决于骑乘时的状况。如果链条传动系统运转时产生噪声（链条卡入前齿盘），在坑道或通过某物体时可以听见链条发出咯咯声（这表示链条太过干燥了），就该保养链条了。潮湿与泥泞的骑乘环境，其保养次数当然会比在干燥和柏油路面更频繁。在一般路面行驶时，至少每个月或每250千米需要保养一次；在越野路况行驶，则至少每100千米要清洁保养一次，具体方法是：

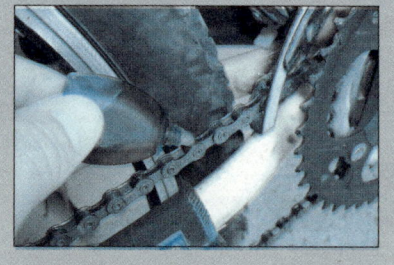

（1）清洁链条，可使用旧牙刷清洁链片之间的缝隙以及前变速器及后变速导轮。必要的话，用温肥皂水辅助。请勿使用强酸或强碱性的清洁剂（如铁锈去除剂），因这些化学药剂会导致链条受损甚至断裂。切勿使用有添加溶剂的洗链剂清洗链条，这种清洗方式绝对会使链条受损。避免使用去渍油等有机溶剂，这不仅会破坏环境，也会洗掉轴承

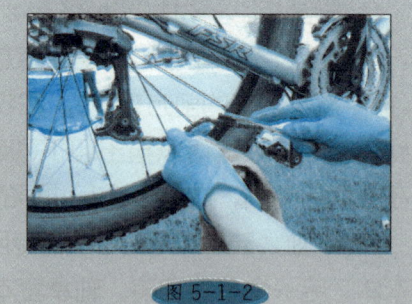

图 5-1-2

部位的润滑油。每次骑乘后要清洁链条，特别是在雨天及潮湿环境中，注意要使用干布来擦拭链条及其配件。

（2）润滑油渗透链条轴承部位，然后待之变黏稠或干燥。这样可以确定润滑链条容易磨耗的部位。确认是否使用合适的润滑油，车手可以倒一些在手上测试。好的润滑油，刚开始感觉起来像水（渗透），但过些时间则会变黏

稠或干燥（持久润滑）。在链条其他位置只需使用少许润滑油防锈即可。

（3）上润滑油后，使用干布擦拭链条上多余的油，可避免脏污与灰尘的附着。在重新装上链条前，记得清洁链条相互连接处，确保没有脏污残留。

如果长时间不骑，记得要调整变速到链条最松的状态，也就是大齿盘要放在最小盘。而后变速器由于有正向和反向之别，所以辨别的方法是看后变速器的导链腿，向上收折起来就是最松的状态，以免连接链片的铆钉将链片连接孔内部撑开太久，导致金属疲乏而无法恢复。

变速线管和刹车线管

第一步要保养的是变速线管，先把大盘的变速变到第三齿，后拨变速到最高齿，然后在不转动车轮的情况下把指拨后拨退到最小的齿轮。此时变速线放松，就可以把外套管从车架固定座上拆出来了，前拨同理。拔出线管以后，可用抹布蘸润滑油包着内线擦拭。如果内线生锈可反复擦洗。然后使用小注射器，将润滑油注射进线管里面去，来回拖动线管。

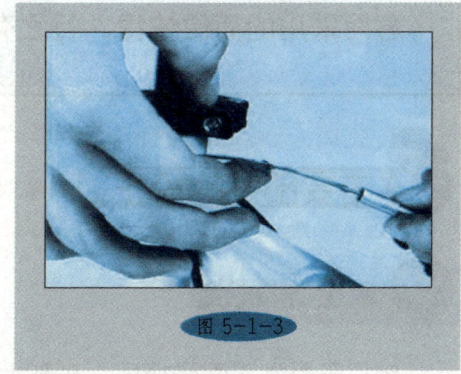
图 5-1-3

对于刹车线管，拆开夹器（见图 5-1-3），用食指与大拇指将夹器向内压，即可将刹车线导管拿起。也可用六角钉把刹车上夹着内线的钉放松后再进行拆卸。然后使用小注射器，将润滑油注射进线管里面去，来回拖动线管。

第二节

部件校正与维修

　　不论是公路车还是山地车经过一段时间骑行必然产生一定程度的损伤，尤其是山地车，赛段路况复杂，易受损伤。除了日常对自行车维护与保养之外，车手还必须掌握简单的维修技术，这也是保证训练和比赛正常进行的重要条件，以下介绍自行车主要部件的校正与维修方法，主要是针对业余爱好者没有全套修车用的机械、工具，为了应急而采用的简便快捷、行之有效的方法。

主要部件的校正

车架的校正

　　自行车受到正面碰撞后，车架上梁和下管前端向上弯曲。其校正方法是将车把、前叉和车架前管的上下碗拆卸下来，用一根直径略小于 30 毫米的钢管插入车架前管内，再将钢管的一端插进墙的孔洞内夹在台钳上或专用木桩上，双手握住车架的平叉和立叉，以前管为固定点，扳动车架。每次扳动幅度不宜过大，随时观察车架校正情况，直到校正好为止。

　　另一种办法，是将钢丝绳或结实的麻绳、尼龙绳绕过大树，两头做成圆套，套在前轴棍两端，用前轴螺母固定或用绳直接拴在前叉与轴棍连接处。然后一手握车把，一手握鞍座（最好两人操作），将车子向前推，使绳子松动后用力向后拉，利用冲力校正变形。如果一次校正不好，可再拉一次或几次，随时检查校正情况。防止用力过猛，造成反向变形。

　　在训练中遇到正面碰撞时，前叉腿向后弯，或车架上下管的前端向上弯曲不能继续骑行，但现场无方便工具和绳子，可用简易方法修理。即将车子翻转，车鞍座和车把与地面接触，将车子摆正。之后，一人坐在后轮和轮盘之间压住车子，用肩扛住前轮，用力向前推送，另一个人用力压住后平叉帮助用力，使前叉和上下管复原。

平叉和立叉的校正

车子受到侧面撞击后，左右平叉和左右立叉之间不对称，一边或两边的平叉和立叉向外或向里偏斜，致使自行车前进力分散，影响速度，影响变速器的正常使用，甚至造成掉链。检查方法是，将车架卸下来，一只手抬起前面车架，使两个平叉嘴着地，用一只眼从前管和立管右侧面看过去，观察前管和立管右侧面到平叉嘴右侧的距离（AB）以及前管和立管左侧面到平叉嘴左侧的距离（CD）是否相等。如果 AB 不等于 CD，说明车架平叉和立叉变了形。

校正方法是：将车架平放在地上，两脚踩在靠地面的平叉和立叉上（踩点应尽量靠近中接头）。如果上面的平叉和立叉向外偏斜（AB 距离大），可将平叉和立叉向下压，如果向里偏斜就向上扳。接着将车架翻转 180 度，用同样的方法校正另一面的平叉和立叉。校正后的车架 AB 要等于 CD。

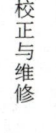

车把的校正

车把最常见的变形是车把横管不平，造成两个扶手高低不齐或是两个扶手与把立管距离不等，一边靠里一边靠外。车把横管高低不平时，用一根钢棒（或木棒）插进低的一端的下方，另一边压在高的一端的上方，手握钢棒的 A 端向上撬或握 B 端往下压，即可校正。

车把扶手向里或向外倾斜时，将车子侧倒，一脚踩住触地扶手靠近把横管的地方，用手向上撬另一扶手（或是向下压）。若是另一面扶手不正时，可用同样方法校正。

前叉的校正

前叉常见的变形有三种情况：前叉立管弯曲，前叉左右腿一前一后，前叉左右腿一里一外。前叉立管弯曲的校正方法：将弯曲的前叉立管卡在台钳上或墙洞内，用一根钢棒插进立管的衬管内，两手握住钢棒的另一端，立管往下弯时，将钢棒往上扳转，若往上弯时往下扳转。扳动时用力不要过猛。

前叉左右腿一前一后的检查方法是：将两个前叉腿的上端（靠叉肩处）放在很平的桌子边缘，让左右前叉嘴和桌面接触。如果左右前叉嘴同时和桌面接触，说明前叉腿没有变形；如果只有一个前叉腿和桌面接触，说明前叉腿一前一后。

前叉腿变形的校正：若一边腿的坡度过大，可将前叉夹在台钳上，握住叉嘴向弯曲相反方向扳；如果坡度过小，则向弯曲的方向扳，调整至两个前叉腿坡度相同。

左右前叉腿一里一外的检查方法是：可用一只眼睛检查前叉立管中心线的延长线与左右腿距离是否相等，即 AB 是否等于 BC，如不相等说明前叉腿一里一外。校正的方法：将变形的一支前叉腿放在地上用脚踏住靠叉肩处，如果上面的一支前叉腿向里变形，用手向上扳，反之向下压。翻转前叉使原来着地的叉腿向上，用同样方法校正另一个前叉腿。也可将前叉夹在台钳上，用手扳动叉腿来校正变形。

校正后的前叉要求 AB 等于 BC，前叉嘴之间的距离正好放进前圈，一般达到 95 毫米。

车圈的变形和校正

自行车训练时由于碰撞或摔跤，车圈会产生严重的扭曲或"死弯"。先检查变形程度，然后进行精确校正。

 检查车圈是否变形 见图 5-2-1

将自行车倒置，由于颠簸或碰撞会导致车条折断或车条松动引起的车圈变形，一般有轴向跳动（车圈左右摆动）和径向跳动（车圈上下跳动）。若变形不太大可在车上调整，如变形较大，可将车轮拆下，取下车胎，放在平圈器上进行调整。

图 5-2-1

❋ 排除轴向跳动的方法

调整好轴承档位，旋紧固定螺丝，寻找车圈轴向跳动量的大小和范围，在跳动段的车圈或外胎上做出标记。如果向右摆动，用条扳先将跳动段右花盘上拉得过紧的车条适当放松，再将左花盘上拉得过松的车条适当拧紧；如果向左跳动，调整方法相反。

❋ 排除径向跳动的方法

要先排除向心的跳动，将跳动段左右花盘上较紧的车条交替旋松；然后再排除离心的跳动，将跳动段较松的车条交替拧紧。假若车圈仍然跳动，除调整好跳动段车条的松紧之外，还要调整跳动段附近车条的松紧。

调整车圈是一件细致工作，条帽螺母每次旋动量不要太大。一般只允许旋动 1/4～1/2 周，调整到整个车圈的跳动量不到 1 毫米时为标准。

主要部件拆卸与维修 ◆◆◆◆◆◆◆◆◆

减震叉的维护　见图 5-2-2

减震叉是山地车重要的部件，对越野的舒适度和安全性有很大影响。好

的减震叉能让前轮紧紧贴地，能让前轮剧烈的震动变小，传到手上，变成微小的震动。如果减震叉性能很差，高速下坡越野，手会被震得发麻，手腕也可能受伤，所以减震叉是很必要的。不管什么减震，都需要定期的维护，才能保持良好的工作状态，并延长使用寿命。

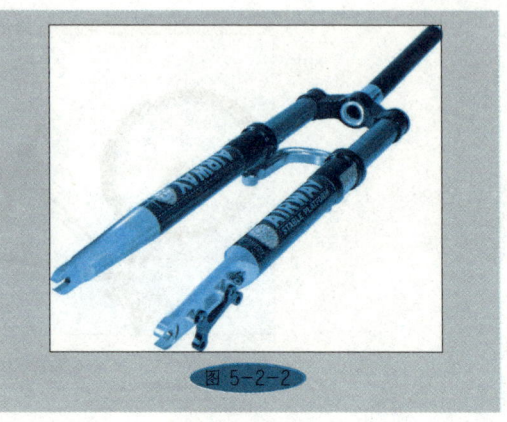

图5-2-2

减震厂商的维护手册，都明确写着工作多少小时需要怎么样的维护，比如RS还有FOX叉200小时以上就需要换减震油。

减震的原理

利用弹性介质（弹簧、阻尼胶还有空气）吸收震动和冲击，起到缓冲的作用。阻尼系统的介质是减震油，在弹性介质压缩的时候，减震油会全速流入阻尼装置的上端。当弹性介质回弹时，减震油则会根据回流孔的大小，以比较慢的速度回流，使减震装置回弹的速度减慢，以此来达到减震的效果。

当轮子遇到向上（比如平路上的减速带）或向下（下台阶）的冲击，弹性介质会压缩，减少冲击。但如果只有弹性介质，比如最低端的弹簧叉，那弹簧吸收了多少冲击，在弹簧回弹的时候，又形成了二次冲击，减震的效果大打折扣。所以需要阻尼系统来减少这个二次冲击。

维护根据不同的路况，需要不同的减震回弹的速度。比如小颠簸的路段，回弹的速度就可以快一点。如果是大冲击的路段，回弹就需要慢一点，所以，阻尼装置还得有回弹调节系统。通过手动调节旋钮，控制回流孔的大小或者数量多少，使减震油回流速度加快或者减慢，达到调整回弹速度的效果。

叉子好坏，重要的就是润度。如果有一根低端叉还有一根高端叉，刹住前刹车，下压把手，就能感觉出很大的差别。

润度取决于几个方面：内管外管衬套的粗糙度还有精度，油封也有一定影响。很多高档叉内管的镀层就是为了降低表面的粗糙度，低端的一般是电镀，高端的通常都是特氟龙的。内管与外管不是直接接触，单边外管内一般有 2 道衬套。衬套与内管是直接摩擦的，它的精度还有粗糙度对润度影响非常大。比如 FOX 叉衬套与内管的间隙只有 0.01 毫米，间隙大了，则有明显旷量，也就是会晃动。间隙小了则滑动阻力变大，润度降低。油封因为也会与内管直接摩擦，也是比较矛盾的装置。一方面要有一定压力圈住内管把内管沾的灰尘挡在外面，一方面要让内管活动顺畅。所以好的油封会平衡这两方面的问题。油封上的弹簧松紧是关键，减震需要定期的专业的维护，以保持良好的工作状态，还有延长使用寿命作用。

减震器的生产厂商配发的维护手册，都明确写明工作多少小时需要怎么样的维护。比如 RS 还有 FOX 叉 200 小时以上就需要换减震油。比如高速下，前轮受到一个 5 厘米高度的冲击，减震工作，在 0.1 秒（压缩的时间跟行进的速度有关）内压缩了 4.5 厘米（行程跟叉子弹性介质的压缩曲线还有叉子的润度有关）。

如果没有阻尼装置，则回弹的速度也许是 0.2 秒回弹了 4.5 厘米（多出的 0.1 秒跟润度还有车重有关，润度越差车子越重，则时间越慢），回弹传到手上的冲击仍然很大。而如果有阻尼装置，而且阻尼装置速度调得很慢，则可能花了 10 秒才回弹了 4.5 厘米，所以，手上受到的冲击几乎就只有开头受到第 1 次冲击后而被压缩的 0.5 厘米了，其后的回弹，手上根本没有感觉。当然，这只是理论情况，实际情况是不同的。

 刹车系统的检修

刹车经过一段时间的使用，最好拆下，检查刹车块磨损情况、刹车弹簧弹性并及时给线管上润滑油，具体步骤如下：

（1）检查刹车块的磨损情形，正确的磨损应平均发生在两侧。若是单侧有明显严重磨损，则表示需要调整。

（2）刹车块在一段时间的使用之后，可能会发生磨损不平均的情况，可以把较突出的部位修剪掉，让接触轮圈的面更平整，刹车会更有效。不过要

注意刹车块的安全线，不可修剪超过安全线；若超过安全线则表示该换新了。

（3）刹车块都有明显的安全线记号或是沟槽来提醒使用者，如果磨到了安全线，或是沟槽磨平了，就表示需要更换。如果还不更换，则可能会使轮圈摩擦到刹车基座或插销，除了会伤到轮圈，还可能造成危险。

（4）刹车导线可定时涂上一层薄油，以延长寿命，并减少摩擦，按刹车的手感会更滑顺。外管应保持平顺，这会影响刹车手感，也可减少摩擦；如果外管破裂应更换，以免水渗入生锈，并检查导线是否完整无生锈。

（5）刹车夹器上的各个枢轴都可能沾染脏物，应清除干净并上油，转动会更顺畅。

 前拨、后拨的检修 见图5-2-3

前后拨的关节处，最好滴上润滑油；后拨2个导轮处，可用注射器注射些润滑油进去。前拨顶上有两个螺钉，螺钉旁边分别有字母H和L。H(high)螺钉作用是调整链条在最大盘片上的位置，逆时针旋出，前拨臂就会远离座管位置。如果太远，易导致在变上第三盘片的时候脱链，太近链条则会磨前

图5-2-3

拨，此时可调整H螺钉。L(low)螺钉的作用是控制链条在最小片的位置，逆时针旋出，前拨臂就更靠近座管，如果旋出太多会导致在变速的时候链条脱链到五通位置，旋进太多则会让链条和前拨相碰。

后拨和前拨一样有H和L的螺钉。H螺钉旋进去太紧，会造成链条不能下到最小的飞轮上；反之，链条在下到最小齿后易脱链。调好后，要确保

最小的飞轮和后拨臂上的导轮位置是在同一平行线上。L 螺钉调好的话，链条可以很准确地进入最大的飞轮，如果扭得太紧，链条就不能上到最大盘，太松就容易掉链影响飞轮和辐条运转。变速系统的调整除了在前后拨上调外，还可以在前拨和后拨粗调后，再去调指拨上的微调。

 车胎的维修 见图 5-2-4

1.车胎的清理

公路竞赛自行车的车胎呈管状，胎壁很薄，训练和比赛时极容易损坏，应特别注意保养。对山地车在每次骑行之后，都要仔细地去除夹杂在胎纹里的杂物，如石子、玻璃等，如不及时清理，会进一步对胎基产生伤害。清理轮胎之后，用水清洗轮胎，再用干净抹布擦干净，要避免油脂、碳氢化合物、腐蚀性物质粘到车胎上致使轮胎变质，不能放在烈日下曝晒或用水浸，否则轮胎容易老化变质。

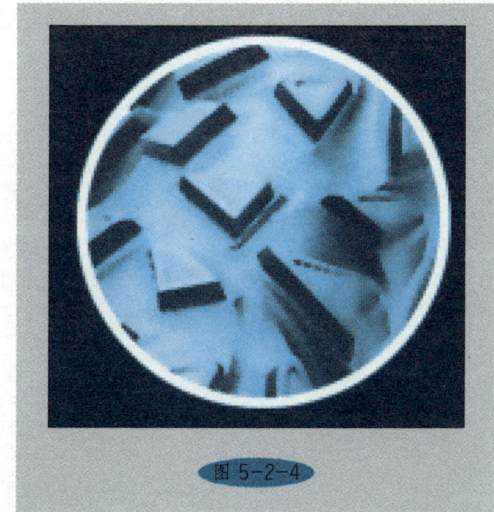

图 5-2-4

2.检查车胎气压

内气压要适合，要根据季节和室外温度、路况而及时调整，气压过大时车胎容易爆裂，气压过小，则加大与地面的摩擦力，增加不必要的体力消耗，车胎还容易从车轮上滑脱。公路车胎一般保持 100～110 帕；山地车胎压一般 70～90 帕；如果长时间不使用，虽然轮胎随时间会自行泄气，建议把轮胎的气放掉一部分，应该把轮胎减压到 3/4（平衡放置）。等到要骑车时，即便没有把气泄掉，也千万记得再充气；还有要检查轮胎的状态，是否出现龟裂、脆化等老化情形，若有，应赶紧更换轮胎。

轮胎使用一段时间后，最好将前、后车外胎调换一下，并且车胎左右换向装，这样可以使外胎受力均匀，延长其使用寿命。

3.内胎的修补

先是找破洞，其方法是给破胎打入适量气体，放入水中，起泡最多的地方即是破洞所在。若到处都漏气不易找到破洞时，可将车胎气门嘴两边折叠回来，用手抓紧或用绳扎好，不让气体通过，另一人帮助打气，如果打气后很快气体漏掉，说明气门嘴附近漏气；打气后不漏气或漏气很慢说明破洞不在此处。可将折叠处向后移动，继续逐段检查，直到找出破洞为止。

第六章　比赛规则

制定各项运动的比赛规则,有助于比赛参与者了解运动规则的基本知识,以使自己在比赛过程中游刃有余地发挥技术水平。比赛观赏者也只有在了解基本规则的前提下,才能够充分体验观赏比赛的乐趣。

比赛方法

参赛选手要按照一定的方法进行比赛，并须遵循一定的规则，以使比赛有序进行。

准备工作

选手的识别

（1）选手必须把属于自己的号码牌安装在车架上（头管、上管、下管三角区域内），而且还要把两块号码布一左一右地粘贴在骑行服上衣腰部的两侧。

（2）在单发计时比赛中，选手身上的号码布则是用一块更大的粘贴在腰部的正中心，并且选手的号码布在比赛中是不允许更换的。

（3）在计时比赛中，车架上的号码牌可以不必安装。号码牌和号码布都是由组织者统一提供的，提供的人也应该是组委会指定的工作人员。

（4）禁止私自更换、更改号码牌和号码布。

技术援助

（1）所有的参赛选手都可以互相提供帮助，例如：外借或交换食品、饮料、备件，交换使用车轮、自行车只能在本队选手中进行。

（2）以下因素可以允许选手之间互相帮助：队车上的工作人员、在技术援助车内的工作人员、后援车上的工作人员。

（3）选手因为意外事故而被主集团落下，可以跟随队车后面追赶主集团。无论选手处在比赛中的什么位置，如果需要提供技术服务，都必须在主集团的最后面，在马路靠右边的位置进行。

头盔的佩戴

(1)选手必须佩戴头盔，因为比赛之中总是会存在着危险的情况。下面的情况不允许不戴头盔：距离爬坡的终点5千米处；在开始爬坡之前不允许摘下头盔、骑行服。

(2)所有的比赛选手在需要穿上或脱下雨衣、套袖、套腿等衣物的时候，都必须要交给他们所在的队车，而且要在总裁判车后面进行，这些衣物也可以交到组委会的摩托车上。任何其他的行为都要经过组委会的同意。领骑选手的这些衣物是由组委会来单独提供的。

食物供给

(1)参赛选手需要的食品和饮料有以下两个途径提供：

食品供给区：食品供给站有各个车队的工作人员手中拿着补给袋伸出手递交给选手，供给区会有明显的组委会标志和标示牌，这些指示牌都将会在供给区的前面清楚地看到。

食品供给区以外：组委会的摩托车提供饮料，选手都可以取用。食物的供给由各队车自行完成，提供给选手的形式可以使用水壶和补给袋。

(2)通常情况下，提供食物补给都是在距离起点50千米和距离终点20千米之间进行。赛事组委会会根据特殊的路段和天气情况来调整上面的规定。

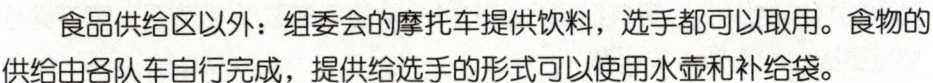

医疗救护

(1)在比赛期间，医疗救护均由赛事组委会医疗服务机构的成员来负责。在比赛中，选手需要医疗服务必须在主集团的后面进行；在比赛以外的时间，车队的领队可以根据食宿地方所提供的医疗服务机构电话号码表通知医生寻求服务，并且只能呼叫一位服务机构的医生。

(2)应该注意到，应该严格地管理医疗服务，在山区赛段中选手应有医生的文字记录病历。

 比赛流程 ◆◆◆◆◆◆◆

 赛段起点

(1)赛段起点的选择通常有三种情况：

原地：如果路线安排许可的话，检录处旁边就是起点。

指定的起点：赛事组委会根据比赛路线指定的起点。

OKM：如果路线属于长距离赛段，赛事组委会将会指定这个起点，并且会有"OKM"的标志。

(2)所有参赛队的选手和领队都必须在检录处登记，在所有的选手登记之后，领队带领选手们抵达赛段起点处。

 赛段路线

(1)参赛选手必须按照组委会制定的路线比赛，严禁抄近路完成比赛。如果路线发生改变，赛事组委会在出发检录前通知领队和选手，选手必须按照更改后的最新路线比赛。

(2)由于突发事件或者是意外事故中断比赛时，赛事组委会将会与裁判委员会商讨并作出决定，之后将通知计时员作相应处理。

(3)比赛中的意外情况通常有：改变比赛路线，临时暂停比赛等。针对意外情况做出的决定通常有：这一站没有比赛，取消比赛成绩；取消这一赛段中的某个部分；从发生意外的地方重新开始比赛；保留中断之前的成绩，重新比赛继续记录成绩。

第二节
裁判方法

在比赛过程中，裁判人员通过履行其职责，进行正确的裁判工作，来保证比赛的公平、公正。

裁判人员

（1）赛事组委会的运营是为确保比赛正常运行。赛事组委会一般包括以下人员：

比赛总指挥及其助手、赛事管理者及其助手、赛事指导（辅助比赛管理者）、摩托车队员负责人、赛事委员会主席、国际代表、终点处裁判、计时员和委员会干事等。

（2）终点处裁判。在比赛期间，终点线的裁判和中介作为代表检查其公正性。如果不能履行职责的，则由赛事组委会派出代表参与。

（3）计时员。在终点处，处在同一个集团之中的选手在通过终点线的时候，他们的成绩都是一样的，每出现一个新的集团，计时员就记录新的时间，当然不只是对于集团，单独选手也是一样的。计时员一直记到收容车抵达终点前的选手为止。计时员同时也会记录关门时间以外的选手，并将他们的时间表格递交给委员会主席。所有计时员记录的成绩都要精确到最精确的级别，并且作为所有的成绩依据。计时赛的出发顺序是以1‰秒来衡量。

评分标准

（1）没有用脚触地（接触障碍）0 罚分；

（2）超出时间限制 5 罚分；

（3）脚触地（或接触障碍物）1 次 1 罚分；

（4）脚触地（或接触障碍物）2 次 2 罚分；

(5)脚触地（或接触障碍物）3 次 3 罚分；

(6)脚触地（或接触障碍物）4 次 4 罚分；

(7)脚触地（或接触障碍物）5 次 5 罚分；

(8)双脚同时、手和脚同时、肩和脚同时或手和肩同时触地（或接触障碍物）5 罚分（不小心蹭到不算）；

(9)自行车横把触地（接触障碍）1 罚分；

(10)手触地（接触障碍）5 罚分；

(11)脚踏板触地（接触障碍）0 罚分；

(12)故意用脚后跟和脚尖触地（接触障碍）来保持平衡 1 罚分；

(13)车轮出界并触地（接触障碍）5 罚分；

(14)脚出界并触地（接触障碍）1 罚分；

(15)碰断界限带 5 罚分；

(16)双脚在自行车同侧，并有一脚触地（接触障碍）5 罚分；

(17)脚在地上（障碍上）滑行 3 罚分；

(18)更改障碍物位置 10 罚分；

(19)赛前试骑 100 罚分；

(20)车轮出界但未触地（接触障碍）0 罚分；

(21)车轮压住但未出界也未碰断界限带 0 罚分；

(22)双脚在自行车同侧但脚未触地（接触障碍）0 罚分；

(1)在比赛中，严禁选手跟随摩托车、汽车，以及扒车（摩托车、汽车）。

(2)赛事的工作人员有权利阻止选手违反上述借用机动车比赛的行为。严禁选手主动地阻碍和使用非正常的战术来对付其他选手，违反者将处以惩罚。

(3)为了确保在终点线冲刺的安全，如果选手在冲刺中突然地改变自己的路线，那么也将处以一定的惩罚。

 **退出比赛**

（1）任何退出比赛的运动员，都要把他们的号码牌交给收容车的工作人员。 在终点处，放弃比赛的选手也将在计时员的记录册中被注明"退出比赛"。任何因为违反规则而被勒令退出比赛的选手，从比赛开始到退出比赛所获的所有奖金都将被收回。

（2）除非有赛事组委会或者比赛组织者允许，否则退出比赛的选手或者是被罚出的选手都不能继续比赛，而且在本次赛事期间也不允许参加任何其他的自行车比赛。

裁
判
方
法